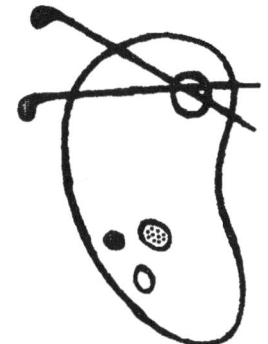

Début d'une série de documents en couleur

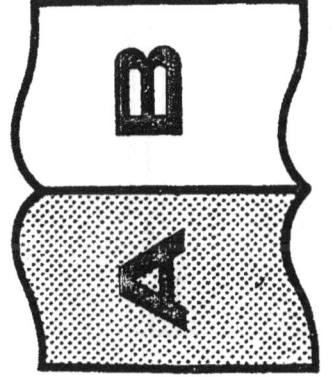

Contraste insuffisant
NF Z 43-120-14

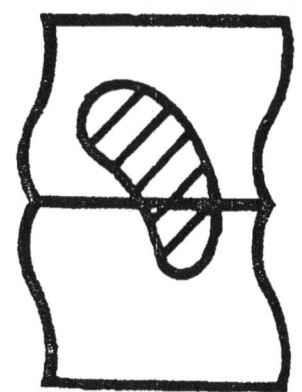

Illisibilité partielle

VALABLE POUR TOUT OU PARTIE
DU DOCUMENT REPRODUIT

NOUVELLE COLLECTION A 1 FR. LE VOLUME

ERNEST CAPENDU

HOTEL DE NIORRES

LE COMTE DE SOMME

II

PARIS
LIBRAIRIE MONDAINE
CHARLES GAUSSE, LIBRAIRE-ÉDITEUR
9, rue de Verneuil, 9

A LA MÊME LIBRAIRIE

LES VIERGES FIN DE SIÈCLE, par Jean Barxo, 1 fort volume de 300 pages environ, in-18 jésus, couverture illustrée : 3 francs

NOUVELLE COLLECTION A 1 FRANC LE VOLUME

CAPENDU (Ernest)
- Marcof le Malouin . . . . 1 vol.
- Le Marquis de Loc-Renan . . . . . 1 —
- Le Chat du bord . . . . 1 —
- Blancs et Bleus . . . . 1 —
- Mary Morgan . . . . 1 —
- Vœu de haine . . . . 1 —
- L'Hôtel de Niorres . . . . 4 —
- Le Roi des Gabiers . . . . 3 —
- Le Tambour de la 32e demi-brigade . . . . 3 —
- Bibi-Tapin . . . . 4 —
- Arthur Gaudinet . . . . 2 —

CHINCHOLLE (Charles)
- Le Joueur d'orgue . . . . 1 vol.
- Paola, roman parisien . . . . . . 1 —
- La Grande Prêtresse . . . . 1 —

MONTÉPIN (Xavier de)
- Pivoine . . . . 1 vol.
- Mignonne . . . . 1 —

DAUDET (E.)
- Tartufe au village . . . . 1 vol.
- L'Envers et l'Endroit . . . . 1 —

FOUDRAS (Marquis de)
- Suzanne d'Estonville . . . . 2 vol.
- Lord Algernon . . . . 2 —
- Madame de Miremont . . . . . . 1 —

LANDELLE (Gustave de la)
- Les Géants de la mer . . . . . . 4 vol.

NOIR (Louis)
- La Banque Juive . . . . 1 vol.
- Le Médecin juif . . . . 1 —
- Le Colporteur juif . . . . 1 —
- Le Roi des chemins . . . . 1 —
- Le Ravin maudit . . . . 1 —
- Le Coupeur de têtes . . . . 2 —
- Le Lion du Soudan . . . . 2 —

PIGAULT-LEBRUN
- Le Citateur . . . . 1 vol.

COLLECTION SPÉCIALE, LITTÉRATURE, ROMANS

D'HERVILLY (Ernest)
- Aventures d'un petit garçon préhistorique, *illustré* par Frédéric Régamey, 1 vol. . . . . 7 fr.

MONTET (Joseph)
- Hors des Murs, *illustré* par Frédéric Régamey, 1 vol. . . . . . 5 »

BERTHET (Elie)
- Mme Arnaud, directrice des Postes, 1 vol. . . . . 3 fr.

FOUDRAS (Marquis de)
- Les Gentilshommes chasseurs, 1 vol. . . . . 3 »
- L'Abbé Tayaut, 1 vol. . . . . . . 3 »

BIBLIOTHÈQUE DES BONS ROMANS ILLUSTRÉS

AIMARD (Gustave)
- Les Maîtres espions, *complet* . . 9 »
- Le Loup-Garou 1 80
- Pris au piège 1 80
- Les Fouetteurs de femmes . . . 1 80
- La Revanche 1 80
- Une Poignée de coquins 1 80

BERTHET (Elie)
- Mademoiselle de la Forgeraie . . » 60
- Paul Duvert . . . . » 60
- M. de Blangy et les Rapert . . » 60
- Les Trois Spectres, *complet* . . 3 60

CAPENDU (Ernest)
- La Mère l'Étape 1 80
- L'Hôtel de Niorres . . . . 3 »
- Le Roi des Gabiers . . . . 3 »
- Le Tambour de la 32e demi-brigade . . . . 3 »
- Bibi-Tapin 3 50
- Mademoiselle La Ruine 1 80
- Siège de Paris, *complet* . . . . . 5 »

CHARDALL
- Trois Amours d'Anne d'Autriche . 1 20
- Capitaine Dix 1 20

DUPLESSIS (Paul)
- Les Boucaniers . . . . 3 »
- Les Étapes d'un volontaire . . 3 »
- Les Mormons 2 40

NOIR (Louis)
- Jean Casse-Tête . . . . 3 »
- Le Trésor d'Ousda . . . . 3 »
- Mort et ressuscité 1 50
- Le Corsaire noir 2 40
- Les Mystères de la Savane . . 1 50
- Le Pacte de sang . . . . 1 »
- Le Roi des Chemins, *complet* . 5 »
- Le Roi des Chenilles 1 80
- Le Trou de l'enfer . . . . 2 »
- La Ville fantôme 1 50
- Les Goélands de l'Iroise, *complet* . . . . 3 »

Imprimerie Paul Schmidt, Paris-Montrouge (Seine).

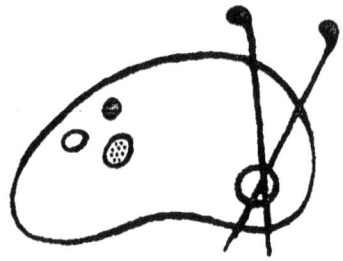

Fin d'une série de documents en couleur

L'HOTEL
DE NIORRES

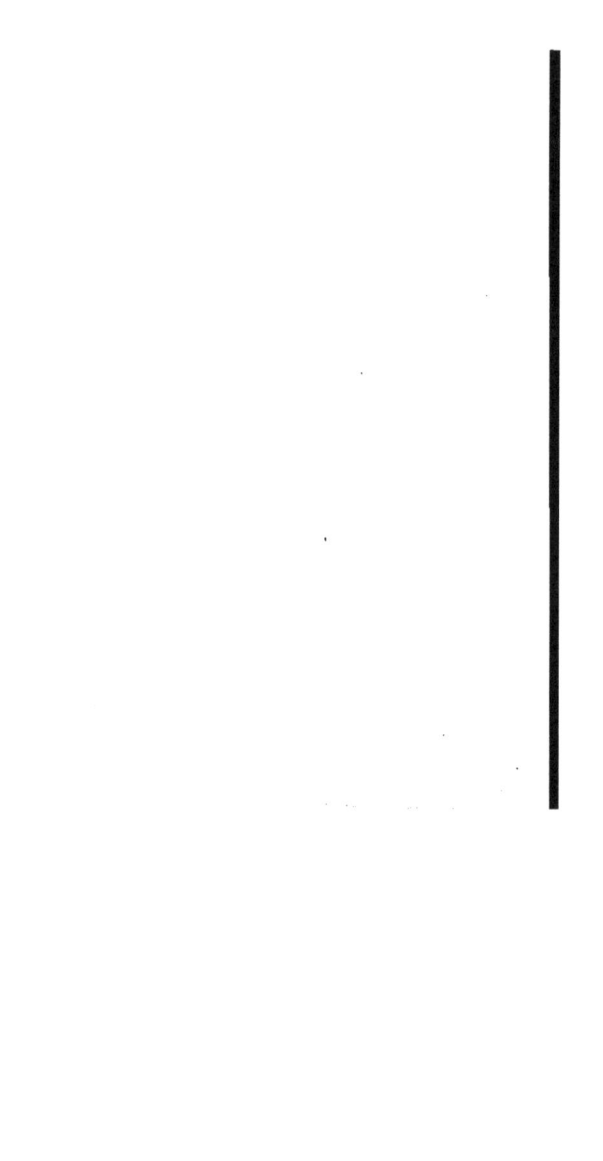

ERNEST CAPENDU

L'HOTEL DE NIORRES

TOME DEUXIÈME

LIBRAIRIE MONDAINE
Ancienne Maison d'Édition DEGORCE-CADOT
GAUSSE, ÉDITEUR
9, rue de Verneuil, 9
PARIS

L'HOTEL DE NIORRES.

I

LA BOUTIQUE DE LA BLANCHISSEUSE.

Quelques instants après, Jeanneton, tenant dans son bras une bouteille de bière, et à la main trois grands verres empilés les uns dans les autres, entra dans la salle et déposa le tout sur la table.

M. Gorain fit sauter le bouchon et la mousse blanche déborda bientôt de chacun des verres.

— De sorte que vous voyez souvent Monseigneur ? demanda M. Gervais.

— Deux ou trois fois par jour, répondit l'employé.

M. Gorain joignit les mains avec admiration. Le digne bourgeois était intérieurement enchanté en pensant qu'il pourrait raconter à ses amis qu'il avait trinqué à Versailles avec le confident d'un ministre.

Quant à M. Gervais, il songeait sérieusement à payer la part de consommation de l'employé.

— Il y a des jours, reprit M. Roger, où je suis, comme aujourd'hui, tellement fatigué, harassé, épuisé, où j'ai eu à compulser tant d'affaires, à annoter un si grand nombre de pièces, à faire tant de courses, que je me sens rendu, découragé, et que, redoutant de ne pouvoir supporter une telle existence, je supplie M. le comte d'agréer ma démission ; mais monseigneur crie, tempête, se fâche, puis, quand il me voit résolu : « Eh ! mon cher Roger, finit-il par me dire, si vous vous en allez, que voulez-vous que je devienne? Il ne me reste plus qu'à aller reporter au roi mon portefeuille. » Alors que voulez-vous que je fasse, Messieurs ? Ces paroles me remuent, je cède : monseigneur me serre les mains, me nomme son ami, me dit de songer à la France... et je retourne à mon bureau.

— Pauvre M. Roger ! dit M. Gorain.

— Quel courage ! ajouta M. Gervais.

— Mais, reprit M. Gorain, est-ce que toutes les affaires du royaume vous passent par les mains ?

— Oh ! cher Monsieur, répondit l'employé, je n'y suffirais pas. M. le comte de Breteuil est *ministre de la maison du roi*, vous le savez. Il a dans ses attributions seulement l'administration de la maison civile du roi, les affaires du clergé, celles de la noblesse, les *honneurs* de la cour, la direction des cours de justice, des gouvernements de province, des intendances, et enfin monseigneur a encore, dans son département, la *ville et généralité* de Paris.

— Peste ! c'est déjà assez joli.

— Et cela vous vaut une belle position, hein ? demanda curieusement M. Gervais.

— Je ne me plains pas... et ce qui me fait plaisir surtout, c'est de pouvoir faire du bien à ceux que j'aime.

Je place leurs enfants, je les pousse ; et dernièrement j'ai fait nommer, tel que vous me voyez, trois de mes amis, échevins.

— Echevins ! s'écria M. Gorain, le rêve de ma vie !

— Une seconde bouteille ! dit vivement M. Gervais.

— Non, mille grâces ! je n'ai plus soif ! répondit l'employé en remerciant du geste.

— Je vous en prie ! insista le bourgeois.

— Encore une fois, bien obligé ! dit Roger ; puis changeant de ton : c'est surtout la ville de Paris qui me donne un tracas inouï ! continua-t-il.

— Voyez-vous ça ! dit M. Gorain.

— Il n'y a pas de semaine, pas de jour où je ne sois obligé de m'occuper de quelque important événement. Il faut que je sache tout, moi ! Ainsi, tenez, en ce moment même il existe une affaire qui préoccupe excessivement Monseigneur et qu'il faut que je tire au clair.

— Quelle affaire ? demanda M. Gervais.

— Mon Dieu... je ne devrais peut-être pas me laisser aller ainsi à causer... dit M. Roger en paraissant hésiter, mais c'est que vous m'avez plu tous deux au premier abord...

— Très-flatté... murmura Gorain.

— Entre honnêtes gens on se devine ! ajouta Gervais.

— Moi, reprit Gorain, je suis propriétaire à Paris, rue Saint-Honoré.

M. Roger salua avec une considération évidente.

— Et, continua M. Gorain en se rengorgeant, bien que Gervais, que voici, ne soit pas propriétaire comme moi, je n'en réponds pas moins de sa moralité. Je m'appelle Gorain.

— Gorain ! répéta l'employé, comme si ce nom eût éveillé subitement un souvenir dans son esprit.

— Oui, Monsieur, Gorain de père en fils !

— Et vous habitez rue Saint-Honoré ?

— Oui, Monsieur, dans ma maison, au-dessous de maître Danton, un avocat célèbre et mon locataire.

— Mais vous êtes voisin d'un teinturier ?

— De Bernard.

— Ah ! voilà qui est particulier !

— Comment ? fit le bourgeois avec étonnement.

— Il n'y a pas huit jours que votre nom a été prononcé devant moi par M. Boulainvilliers.

— Le prévôt de Paris ?

— Lui-même.

— Il parlait de moi ? s'écria M. Gorain avec une émotion extrême.

— Il en a même parlé longuement.

— A quel propos, mon Dieu ?

— A propos de la dernière Saint-Roch (1) !

M. Gorain devint subitement cramoisi.

— Pas possible ! balbutia-t-il.

— C'est cependant comme j'ai l'honneur de vous le dire, continua froidement l'employé. Et M. le prévôt a ajouté qu'il espérait bien qu'à la Saint-Roch prochaine, il verrait votre nom figurer sur la liste des échevins.

— Je vous l'avais toujours dit, Gorain ! fit observer M. Gervais avec assurance.

— C'est vrai, compère, c'est vrai... balbutia le bour-

(1) C'était le jour de Saint-Roch que les notables bourgeois étaient convoqués à l'hôtel de ville de Paris pour nommer chaque année quatre échevins.

geois remué dans sa vanité, mais je ne pensais pas... je ne savais pas... D'ailleurs, il me faudrait des protections...

— Oh ! dit l'employé d'un air dédaigneux, s'il ne s'agit que de cela...

— Quoi ! s'écria M. Gorain, vous daigneriez...

— Pourquoi pas, monsieur Gorain ? j'aime à faire plaisir et à obliger les braves gens.

— Monsieur... Monsieur... commença Gorain.

— Ne parlons plus de cela ! interrompit Roger, nous en recauserons quand il sera temps, je vous le promets. Votre nom, en me rappelant ma conversation avec M. de Boulainvilliers, m'a remis précisément sur la voie de l'événement dont j'allais vous faire part et que vous paraissiez désireux de connaître. J'en causais encore il y a une heure avec M. le comte de Breteuil.

— Quoi ! fit M. Gorain émerveillé, Monseigneur aussi a daigné parler de moi ?

— Cette fois, je dois vous dire que vous vous trompez, dit l'employé ! Entre M. le comte et moi, il ne s'agissait pas de vous, mais de votre voisin...

— De Bernard le teinturier ?

— Précisément. Nous nous occupions de l'étrange disparition de sa fille.

— Quoi ! dit M. Gervais, Monseigneur s'occupe de cette enfant ?

— Sans doute, cher Monsieur. Monseigneur a l'œil ouvert sur tout ce qui se passe à Paris. Le roi, la reine, sont instruits de cette affaire, et Leurs Majestés ont donné les ordres les plus positifs pour que l'enfant soit retrouvé.

— Ah ! dit M. Gorain, si l'on retrouvait la *jolie mignonne*, on rendrait la vie à ses pauvres parents.

— Ils sont bien désolés, n'est-ce pas ?

— Plus qu'on ne peut le dire, cher Monsieur.

— Au fait ! dit Roger, comme si une pensée nouvelle surgissait tout à coup dans son cerveau, puisque vous demeurez à côté de maître Bernard, vous devez le connaître ?

— Si je connais Bernard et sa femme ? s'écria M. Gorain ; c'est-à-dire que je suis leur ami intime, leur conseiller, leur compère, et la preuve, c'est qu'à l'heure où je vous parle, je ne suis à Versailles que pour eux, pour connaître plus vite le résultat de la conférence que M. Danton, mon locataire, doit avoir en ce moment avec un avocat de ses amis relativement à l'enlèvement de la *jolie mignonne*. N'est-ce pas, Gervais.

— Sans doute, sans doute, dit aussitôt le second bourgeois, nous attendons même maître Danton avec lequel nous devons dîner.

— Ici ? demanda Roger.

— Ici, oui, Monsieur ; il a donné rendez-vous à Gorain.

L'employé se mordit brusquement les lèvres comme un homme qui retient tout à coup une parole indiscrète prête à s'échapper.

— Ah ! vous connaissez si intimement ces pauvres gens, reprit-il en rapprochant le banc sur lequel il était assis. Eh bien, vous pourrez leur dire, cher monsieur Gorain, que Leurs Majestés et Monseigneur prennent à leur sort un profond et véritable intérêt.

— Je n'y manquerai pas, Monsieur, répondit monsieur Gorain, et ce sera une grande consolation pour eux.

En ce moment un bruit de voix jeunes et rieuses se fit entendre dans la rue. C'était Michel et Tallien, qui, en compagnie d'Augereau le maître d'armes, et du jeune abbé, faisaient leur entrée chez la mère Lefebvre. Derrière eux s'avançaient lentement et en causant à voix basse le dentiste Talma et l'élève de l'École militaire.

M. Gorain, ayant entr'ouvert la fenêtre, regarda dans la rue.

— Ah! fit-il, voici mon locataire et son ami.

Effectivement, Danton et Saint-Just apparaissaient à l'angle de la rue du Plessis et passaient devant la boutique de la fruitière dans laquelle était entré, depuis quelques instants, un grand et beau garçon, celui que nous avons vu au cours la Reine, conduisant la voiture aux armes de monseigneur le comte d'Artois, Hoche enfin, le neveu de la voisine de la mère Lefebvre, que sa tante était en beau train de chapitrer vertement pour le retard qu'il avait mis à revenir à Versailles.

Comme Michel et ses amis pénétraient dans la salle en riant et en criant, la porte vitrée donnant sur la cour s'ouvrait brusquement, et Mahurec, accompagné de Lefebvre, faisait sa rentrée dans l'intérieur du logis.

— Caramba! cria le matelot de sa voix tonnante. La cambuse est proprement aménagée, j'ose le dire. Tout est paré dans le grand, pommadé au goudron, quoi! Quand j'aurai encore couru quelques bordées de longueur, je fais mon sac, je viens ici au mouillage, et je m'y affourche pour le restant de mes jours.

— Oh ! fit M. Gorain en poussant le coude de son ami. Voilà encore l'échappé des galères !

— Pourvu qu'il ne se place pas à côté de nous ! répondit M. Gervais.

En quelques secondes la salle fut envahie et quatre des tables furent prises.

Après avoir échangé un salut avec M. Gorain, Danton alla s'asseoir, avec Saint-Just, à une table voisine de celle occupée par les deux bourgeois, mais séparée d'elle par une distance si minime, que la conversation pouvait facilement s'échanger de l'une à l'autre.

Michel, Tallien, Augereau, le jeune abbé, Talma et l'élève de l'Ecole militaire s'emparèrent de la troisième table.

Mahurec et Lefebvre s'installèrent devant la quatrième placée près de la seconde fenêtre et qui se trouvait à la hauteur de celle occupée par les deux bourgeois et l'employé, voisinage qui fit faire une laide grimace aux deux premiers.

Au moment où Jeanneton, qui, appelée de tous côtés et ne sachant auquel répondre, prenait le parti d'apporter les potages sans se préoccuper des interpellations qui lui étaient adressées, deux nouveaux convives firent leur entrée dans la salle, après avoir amicalement salué au passage la mère Lefebvre tout occupée à son fourneau.

L'un de ces nouveaux arrivants était Hoche, qui s'était soustrait brusquement aux reproches de sa respectable parente et l'autre était Jean, l'ouvrier de maître Bernard le teinturier.

— Tiens, c'est vous, les enfants ? s'écria Lefebvre en

leur voyant franchir le seuil de la porte. Par ici ! Il a y là deux couverts qui vous tendent les bras. Vous aurez celui de trinquer avec le père Mahurec, un brave des braves ! Un matelot fini. Allons ! asseyez-vous en deux temps !

Les deux jeunes gens s'installèrent à la table déjà occupée par le matelot et par le soldat.

— Vous nous raconterez des batailles, hein, monsieur Lefebvre ? dit Jean en serrant la main du soldat.

— Et Monsieur nous parlera de l'Amérique et de son nouveau gouvernement ? ajouta Hoche en se tournant vers le marin.

— Volontiers ! dit Mahurec, mais pour le quart d'heure d'à présent, mon estomac est à mi-mât en berne, voyez-vous ! j'ai des avaries plein la coque ! Y a t'un crapaud dans la carène, comme dit cet autre, faut que je hale dedans pour lester la cale ! Tonnerre ! j'avalerais un nègre tout cru.

— Alors, avale ça ! c'est meilleur ! dit Lefebvre en passant au matelot une assiette pleine à déborder d'un potage fumant.

— Tonnerre ! reprit Mahurec en dégustant sa première cuillerée, en v'la du nanan ! C'est-y bon ! c'est-y gras ! on jurerait qu'il y a là dedans un paquet de chandelles !

Un silence général suivit l'exclamation étrangement laudative du matelot : Jeanneton avait servi les premiers plats et chacun était occupé à fêter les talents de la célèbre mère Lefebvre.

II

LES DEUX VISITES.

Tandis que les convives de la mère Lefebvre s'apprêtaient à fêter son dîner, une autre scène, toute différente, se passait, quelques instants plus tôt, dans l'habitation entourée de ces jardins élégants où nous avons laissé le comte après la sortie de Saint-Jean.

Le jeune homme était revenu vers l'intérieur des jardins qu'il avait déjà traversés; mais cette fois, au lieu de se diriger en ligne à peu près droite, il tourna brusquement à gauche, atteignit une belle pelouse au milieu de laquelle serpentait une petite rivière artificielle, et, foulant aux pieds le frais et moelleux tapis de verdure, il se dirigea vers un corps de bâtiment de fort belle apparence dont la façade devait être située, à en juger par la position, sur l'avenue de Sceaux.

Vaste hôtel, comme on entendait alors les édifices désignés par ce nom appliqué aujourd'hui aux petites boîtes dorées dans lesquelles s'enferme la mesquinerie pompeuse de notre siècle, le bâtiment, à la hauteur duquel arrivait Edouard, présentait fièrement son perron élevé de douze marches et ses fenêtres énormes aux balustrades de fer ciselé.

Le jeune homme gravit le perron donnant sur le jardin, et pénétra dans une sorte de serre tempérée servant de vestibule à un magnifique salon meublé avec un luxe princier.

Après avoir traversé vestibule et salon, qu'il trouva complètement déserts, le comte, qui paraissait parfaitement à l'aise dans le bâtiment qu'il parcourait, ouvrit une porte, traversa encore un second salon plus petit que le précédent, mais plus somptueux peut-être, et pénétra dans une dernière pièce dont il referma sur lui la porte dorée.

Cette pièce, meublée tout en laque de Chine et tendue en étoffes orientales, était le plus charmant réduit qu'eût pu souhaiter un philosophe épicurien à l'heure de la sieste.

Un vaste et moelleux divan garnissait tout un pan de muraille et invitait au repos. Le comte se coucha à demi sur ce meuble soyeux, puis levant le bras, il attira à lui un cordon de sonnette placé au-dessus des coussins sur lesquels il reposait sa tête.

Quelques secondes ne s'étaient pas écoulées, qu'un jokey mignon comme une femme, poudré comme un abbé et frais comme une rose épanouie, se glissait dans la pièce après avoir discrètement gratté à l'huis.

— Ah ! c'est toi, Bouton-d'Or ? fit le comte en se redressant légèrement pour regarder le jockey.

— Oui, monsieur le comte, répondit l'enfant.

— Où donc est Champagne ?

— Il n'est pas à l'hôtel ; monsieur le comte lui avait permis de sortir.

— Ah ! c'est vrai. Est-il venu quelqu'un en mon absence ?

— Oui, monsieur le comte ; un valet de pied de la part de M. le comte de Lauraguais.

— Ah ! ah ! fit Edouard en se levant vivement. Eh bien ! fais entrer ce garçon, Bouton-d'Or.

Le jockey sortit aussitôt. Deux minutes après la porte se rouvrait, et un magnifique valet de pied, revêtu d'une livrée éclatante, s'inclinait humblement sur le seuil.

— Entrez ! dit le comte.

Le valet de pied s'inclina encore, fit un pas en avant et referma la porte sur lui : puis il se tint immobile.

Edouard l'examinait avec l'attention la plus scrupuleuse, tournant autour de lui, le regardant des pieds à la tête, faisant subir enfin à toute sa personne un examen minutieux.

Enfin, se reculant pour mieux concentrer ses regards et levant les bras au ciel :

— Merveilleux ! fit-il.

Le valet s'inclina une troisième fois.

— Monsieur le comte de Sommes est satisfait de son très respectueux serviteur ! répondit-il d'une voix mielleuse.

— Enchanté, mon cher Pick, réellement enchanté ! dit Edouard en ne se lassant pas d'admirer. Vous êtes très positivement méconnaissable, et M. Lenoir lui-même, votre illustre patron, hésiterait à mettre un nom sur votre physionomie nouvelle. Mais comment diable faites-vous ? Vous étiez maigre, vous voici gras ; vous aviez la mine allongée, vous l'avez pleine ; vous étiez fort grand déjà, vous êtes devenu gigantesque ! C'est magnifique une pareille transformation !

— Affaire de métier, monsieur le comte, dit modestement le valet de pied, ou plutôt M. Pick, puisque nous retrouvons chez le jeune ami du duc de Chartres l'agent de police que nous avons déjà rencontré chez M. Lenoir.

— Et qui vous amène ? demanda Edouard.

— Une affaire importante, monsieur le comte, qui résulte d'une conversation que je viens d'avoir avec M. le lieutenant de police, par rapport aux drames qui désolent en ce moment la famille de M. de Niorres.

— Eh bien ! fit le comte avec impassibilité.

— Eh bien, continua l'agent, sachant par expérience tout l'intérêt que monsieur le comte veut bien prendre à cette déplorable affaire, j'ai eu la hardiesse de venir, en cette occasion nouvelle, me présenter encore à lui.

— Voyons, qu'est-ce que c'est ?

— Monsieur le comte se rappelle sûrement, dit Pick d'une voix toujours mielleuse, qu'il y a quelques jours, alors que j'avais l'honneur d'entretenir monsieur le comte des crimes atroces dont la police ignore toujours les auteurs, il a eu la bonté de guider mon inexpérience et de m'amener à jeter les yeux dans la direction de la vérité. Bref, et pour être bien clair, monsieur le comte sait que mes soupçons personnels planent sur MM. d'Herbois et de Renneville...

— Je sais cela, dit Edouard ; ensuite ?

— Ces soupçons, mon devoir m'imposait l'obligation d'en faire part à M. le lieutenant de police, et ce devoir je l'ai accompli ce matin.

Edouard regarda son interlocuteur ; celui-ci s'inclina respectueusement.

— Et, reprit le comte, que vous a répondu M. Lenoir ?

— M. Lenoir a daigné, après m'avoir écouté, dire que je pouvais être dans la bonne voie; mais il a ajouté que, pour accuser hautement deux personnages de noblesse, deux officiers de la marine royale, il fallait que je m'apuyasse sur des preuves solides et matériellement irrécusables.

— Eh bien, M. Lenoir a parfaitement raison ; si vous avez ces preuves il faut les donner.

— C'est que, précisément, ces preuves... je ne les ai pas.

— Alors, monsieur Pick, que voulez-vous que j'y fasse ; je ne puis rien dans cette affaire.

L'agent regarda fixement son interlocuteur.

— Monsieur le comte me pardonnera d'être d'une opinion contraire à la sienne, dit-il ; car je crois que si monsieur le comte le voulait, il pourrait m'aider à trouver ces preuves que je cherche.

— Moi ? s'écria Edouard. En vérité vous êtes fou ! Je ne connais pas seulement de vue MM. d'Herbois et de Renneville. Leurs noms sont venus jusqu'à moi, voilà tout.

— Mais monsieur le comte me faisait hier l'honneur de me dire...

— Ne me faites pas parler, monsieur Pick, dit le comte d'un ton sérieux. Vous savez que je suis l'ami de Son Altesse, que Monseigneur est friand de nouvelles, et qu'en votre qualité d'attaché au lieutenant de police vous êtes au courant de tout. Donc, vous venez me faire part des affaires mystérieuses que vous découvrez, je les transmets à Son Altesse qui s'en amuse. Vous êtes largement rétribué pour cela, c'est très bien, mais ne me faites pas sortir de mon rôle. Si je suis narrateur près de Son Altesse, près de vous je suis un simple auditeur. Vous me confiez les événements criminels accomplis à l'hôtel de Niorres, vous me mettez au courant de tout ce qui se passe dans cette malheureuse famille, vous me parlez des mariages projetés entre les deux nièces du conseiller et MM. d'Herbois et de Renneville, je vous fais observer, à ce propos, que si ces unions avaient lieu, et si les crimes se continuaient, le vicomte et le marquis se trouveraient un jour héritiers d'une fortune princière ; mais ceci n'a été qu'une simple réflexion de ma part, ne l'oubliez pas ! je ne sais rien que par vous ; je regrette même d'avoir laissé échapper des paroles auxquelles je ne prêtais qu'une attention légère. Corbleu ! auriez-vous eu la hardiesse de conclure de là que j'accusais deux bons et braves gentilshommes ?

M. Pick avait écouté sans mot dire les paroles du comte. Quand celui-ci eut achevé, il demeura impassible ; puis, après quelques instants de réflexion :

— Je demande humblement pardon à monsieur le comte si je l'ai offensé par une supposition erronée, dit-il en se courbant perpendiculairement ; mais, je le répète, la sagace observation de monsieur le comte m'avait ouvert les yeux, et j'avais cru...

— Vous avez eu tort de croire. Rappelez-vous, une fois pour toutes, monsieur Pick, que je ne veux être mêlé en rien aux choses de votre métier. Racontez-moi des histoires, et n'écoutez jamais aucune des observations qui peuvent m'échapper au sujet de vos récits.

M. Pick passa sa main derrière l'oreille avec un mouvement semblable à celui que fait, avec sa patte, un chat qui sent l'orage.

— Monsieur le comte daigne m'excuser? dit-il.

— Certainement, cher monsieur Pick, répondit le comte en se radoucissant subitement. L'amour du devoir vous a seul entraîné, je le reconnais, et je ne puis vous en vouloir. Ne parlons plus de cela. Dites-moi, vous qui, par profession, connaissez tout le monde, n'auriez-vous pas à ma disposition un prêteur discret, aimant à obliger, en y trouvant un beau bénéfice?

— Les gens de cette espèce foisonnent!...

— Oui, mais il y a prêteur et prêteur... J'en voudrais un sérieusement obligeant et peu connu... comme celui dont me parlait ce matin un de mes... amis.

— Monsieur le comte veut-il dire le nom?

— Il s'agissait d'un nommé... attendez donc!... ah! j'y suis! un nommé Roger!

— Roger! répéta Pick en paraissant chercher dans sa mémoire; un prêteur nommé Roger!... je ne connais pas.

— Il existe cependant!

— Monsieur le comte en est sûr?

— Parbleu! Il a obligé plusieurs personnes bien

posées... et tenez ! entre autres MM. de Renneville et d'Herbois, dont nous parlions tout à l'heure.

M. Pick se redressa soudain.

— Ah ! c'est lui qui prête au marquis et au vicomte ! dit-il.

— Mais oui ! C'est même leur principal créancier... à ce qu'on m'a dit. Vous voyez bien que ce Roger existe.

— Et ce serait à lui que monsieur voudrait avoir affaire ?

— On m'a chanté ses louanges sur tous les tons, et j'avoue que je désire, pour une circonstance particulière et pressante, être en relation avec lui. C'est, il paraît, un homme parfait, discret comme le dieu du silence, et riche comme Plutus en personne.

— Monsieur le comte a-t-il quelques indications à son égard ?

— Aucune.

— Alors ce sera difficile... mais on trouvera.

— Je compte sur vous, monsieur Pick ; mais n'oubliez plus que je ne veux me trouver mêlé en rien dans toutes vos machinations.

— Je n'oublierai pas, et je m'incline profondément devant monsieur le comte. Dans vingt-quatre heures j'aurai des nouvelles de M. Roger.

Et le valet de pied, saluant jusqu'à terre, quittait la pièce, toujours à demi courbé, lorsque le comte le rappela du geste et de la voix.

— Eh ! fit Edouard en souriant, prenez garde ! en saluant vous laissez tomber votre bourse !

Le comte poussa du pied vers M. Pick une bourse

de soie bien gonflée qui gisait sur le tapis. L'agent se précipita vivement, ramassa le précieux objet, et l'engouffrant dans la poche de son gilet :

— Monsieur le comte mérite de posséder une fortune royale, dit-il.

Puis, saluant encore, il disparut derrière la porte qu'il referma doucement.

Le comte, demeuré seul, parcourut rapidement la pièce dans toute son étendue.

— Cet homme est un trésor ! murmura-t-il.

En ce moment on gratta de nouveau à la porte, et le jockey montra sa jolie tête par l'entrebâillement du battant.

— Qu'est-ce ? fit Edouard en s'arrêtant dans sa promenade.

— Une personne qui demande à parler à monsieur le comte.

— Son nom ?

— M. Fouché.

— Fouché ! répéta le comte, je ne connais pas.

Le jockey attendait la décision de son maître. Celui-ci réfléchit durant quelques instants, puis reprenant la parole.

— Faites entrer au salon, dit-il, je reçois !

Le comte, demeuré seul, donna un coup-d'œil à sa toilette, chiffonna devant la glace les dentelles de son jabot et celles de sa cravate, puis, content de lui-même, ainsi que l'annonçait le sourire satisfait qu'il s'adressa, il ouvrit la porte du cabinet dans lequel il se trouvait et pénétra dans le salon.

Un homme était debout au milieu de la pièce. Grave,

froid, sévère, le regard scrutateur, c'était bien le personnage que nous avons vu prendre place dans le carrabas en compagnie de l'avocat Danton et du jeune Saint-Just. En voyant le comte, il s'inclina légèrement et fit deux pas sur le tapis.

— C'est bien à monsieur le comte de Sommes que j'ai l'honneur de parler? demanda-t-il en se redressant.

— A lui-même, Monsieur, répondit Édouard ; mais j'avoue que je serais fort embarrassé pour deviner ce que vous pouvez me vouloir, car votre nom, que l'on m'a fait passer, m'est complètement inconnu.

— Et cependant monsieur le comte a daigné me recevoir, dit Fouché en souriant avec un peu d'ironie. Cela prouve en faveur des excellents procédés de monsieur le comte.

— Je ne pense pas, dit Édouard, que vous soyez venu chez moi uniquement pour m'adresser des compliments?

— Oh! rassurez-vous, Monsieur, le motif qui m'amène est complètement opposé à celui-là.

— Plaît-il? fit le comte avec une extrême hauteur.

— Il s'agit, entre nous, continua Fouché avec un sang-froid imperturbable, d'une affaire importante...

— Pardon! dit Édouard d'un ton sec ; vous m'avez dit que vous vous nommiez!

— Fouché, monsieur le comte ; Joseph Fouché.

— Et vous êtes?

— Professeur au collège de Juilly.

— Vous êtes donc Oratorien?

— J'ai cet honneur (1).

— Comment se fait-il alors que vous soyez vêtu en laïque et non en religieux ?

— Parce que, n'étant point engagé dans les ordres, j'ai le droit de revêtir l'habit que je porte.

— Eh bien ! monsieur Joseph Fouché, professeur au collège de Juilly, dit le comte de sa voix la plus dédaigneuse, et avec un geste d'une impertinence intraduisible, si vous avez à traiter, comme vous le prétendez, d'une affaire importante, vous vous adresserez à M. Durieu, mon intendant, ou à Champagne, mon premier valet de chambre. Quant à moi, je n'ai ni le loisir, ni le désir de vous écouter.

Ce disant, le jeune gentilhomme pirouetta sur les talons de ses souliers. Fouché demeura impassible : aucune animation ne se peignit sur sa physionomie. Son œil scrutateur se fixa seulement plus ardemment encore sur son insolent interlocuteur.

— Vous refusez de m'entendre ? dit-il d'une voix brève.

— Mais oui, répondit le comte.

— Alors... reprit Fouché en s'avançant.

— Alors... interrompit le comte en désignant la porte. Fouché haussa les épaules.

— Si je suis venu déranger monsieur le comte, fit-il d'une voix sardonique, c'est qu'il s'agit, ainsi que j'ai eu l'honneur de le lui dire, d'une affaire extrêmement importante, et dès lors je ne me laisserai pas éconduire ainsi.

(1) Le collège de Juilly a été fondé et dirigé par les Pères de l'Oratoire.

— Monsieur ! s'écria le comte avec hauteur.

— Bah ! continua froidement Fouché ; écoutez-moi d'abord, vous me ferez jeter à la porte ensuite. En deux mots, voici ce qui m'amène : affaire d'Horbigny !

— Vous venez de la part de la marquise ? s'écria Edouard avec un empressement inattendu.

— Non ; mais je viens à propos d'elle.

Edouard regarda son impassible interlocuteur et chercha à lire sa pensée dans les yeux verdâtres de Fouché ; mais il rencontra une barrière de glace que son regard, à lui, ne put faire fondre.

Alors, changeant brusquement de ton et de manière :

— Asseyez-vous, dit-il, et causons.

Fouché prit un large fauteuil, le poussa vers celui dans lequel s'installait le jeune homme, et prenant place en ayant soin, par une manœuvre habile, de tourner le dos au jour et de placer par conséquent le comte en pleine lumière.

— J'ai oublié de vous dire, monsieur le comte, commença-t-il, que mon père est armateur à Nantes, et que, en sa qualité d'armateur, il remplit souvent, comme beaucoup de ses confrères, l'office de banquier auprès de personnes recommandables. C'est en cette qualité qu'il est entré en relation avec Mme la marquise d'Horbigny, Mme d'Horbigny a en mon père une confiance absolue. Vous ignoriez peut-être cet important détail ?

— Je l'ignorais, répondit le comte.

— C'est ce qui m'explique l'accueil que monsieur le comte vient de me faire.

— Continuez ! dit Edouard sans répondre à l'observation de Fouché.

— Mme la marquise d'Horbigny est veuve depuis trois années, vous ne l'ignorez pas, monsieur le comte.

Edouard fit un signe affirmatif.

— Elle avait près d'elle, alors qu'elle perdit son mari, une petite fille âgée d'un an à peine, son unique enfant, fruit de son mariage avec le vieux marquis d'Horbigny, lequel est mort à près de quatre-vingts ans en laissant une veuve qui aurait pu facilement être sa petite-fille, puisqu'elle n'avait point encore atteint les limites de la trentaine. L'une des singulières clauses de l'étrange testament du vieillard fut que sa fille serait son unique héritière au détriment de sa femme. Il laissait à celle-ci l'usufruit de ses propriétés, c'est-à-dire, environ deux cent mille livres de rente, jusqu'à ce que la petite Berthe, sa fille, eût atteint l'âge de quinze ans, à la condition de n'en plus conserver que vingt mille à partir de cette époque. Le testament disait encore qu'à ses quinze ans accomplis, la jeune personne deviendrait maîtresse absolue de ses biens, pouvant en disposer comme bon lui semblerait ; mais il ajoutait qu'en cas de mort de l'enfant avant qu'elle eût atteint l'âge prescrit, la fortune entière du marquis passerait à la fille aînée de son frère, car il n'y avait aucun rejeton mâle dans la famille. Savez-vous tout cela, monsieur le comte ?

— Je n'ignorais aucun des détails que vous venez de me rappeler, monsieur Fouché.

— Alors, je continue. La situation de la jeune veuve était donc fort belle pour le présent, mais l'avenir était sombre. La marquise a vingt-sept ans, elle est grande dame jusqu'au bout des ongles, elle aime le luxe, les fêtes, les plaisirs ; les deux cent mille livres de rentes du défunt, qui avait toujours vécu en Harpagon et contraint sa jeune femme à vivre de même au fond de son vieil hôtel de Nantes, arrivaient donc bien à point pour satisfaire ces goûts dispendieux de la charmante veuve, mais on devait songer que quatorze ans plus tard il faudrait dire adieu à cette fortune. Or, la marquise aurait eu quarante et un an le jour où elle aurait dû rendre à sa fille la jouissance de ses revenus princiers. Quarante et un an ! l'âge où les charmes de la jeunesse fuient sans retour, et où la femme a le plus besoin de luxe et de bien-être ; partant de richesses pour se procurer l'un et l'autre. Le ciel seul pouvait venir en aide à la marquise et lui assurer le bien-fonds de ce dont elle n'avait que momentanément l'usufruit. Je dis le *ciel*, continua Fouché en appuyant sur ce mot avec une intention évidente, parce qu'effectivement c'était le ciel qui, en envoyant à Mlle Berthe ses saintes lumières, en la douant d'une vocation irrésistible pour la vie religieuse, pouvait conserver à la marquise l'héritage du défunt. A quinze ans, Mlle Berthe devenait, par l'effet même du testament, maîtresse absolue de ses biens. Supposez un instant cette jeune personne entraînée par une force invincible vers l'existence mystique du couvent ; supposez qu'en dépit de sa richesse, de sa beauté, des prières de sa famille, elle veuille prendre le voile ; sa dot payée, que lui deviennent les biens de la terre ? qu'est pour elle la fortune ? Vanité des vanités ! Quoi de plus simple alors que, maîtresse absolue de ses biens, elle dispose de ces biens en faveur de sa mère? Ce serait là la chose du monde la plus naturelle. Qui donc pourrait y trouver à redire? Personne! Est-ce votre avis, monsieur le comte?

— Mais parfaitement, dit Edouard en se renversant sur son fauteuil avec une tranquillité apparente, sous laquelle Fouché s'efforçait, mais en vain, de trouver le trouble qu'il semblait espérer.

— La marquise, à laquelle ces pensées ne vinrent jamais, j'en suis convaincu, reprit Fouché, songea, en bonne et excellente mère, que la religion, étant la suprême force et conduisant invariablement au salut, devait être de bonne heure inculquée dans l'âme de l'enfant. Résolue à quitter Nantes pour se rendre à Paris, elle confia donc sa fille à deux femmes bien connues pour leur dévotion fervente, et réputées pour faire bon nombre de prosélytes. Puis, tranquille désormais sur Mlle Berthe, la marquise, son veuvage expiré, accourut à Paris, où elle est encore en ce moment, jouissant, en femme intelligente, de ses magnifiques revenus. Durant trois années, c'est-à-dire jusqu'au mois de juin dernier, tout alla bien. Mlle Berthe, écrivait-on à sa mère, grandissait à vue d'œil et devenait un véritable ange de grâce et de beauté ; rien de plus délicieux que cette enfant. La marquise, enchantée des nouvelles qu'elle recevait, continuait à mener sa brillante existence, et bientôt même on parla de sa prochaine alliance avec l'un des plus élégants seigneurs de la cour. C'était d'autant plus beau pour Mme d'Horbigny, que la clause du testament qui la dépossédait lorsque sa fille aurait atteint sa quinzième année, rendait toute union difficile.

Le seul malheur réel suspendu sur la tête de la marquise, était que sa fille vint à mourir avant d'avoir ses quinze ans accomplis, puisque, dans ce cas, la fortune revenait immédiatement à la nièce de M. d'Horbigny.

— Eh bien? fit le comte en voyant Fouché s'arrêter dans son récit.

— Eh bien, monsieur le comte, reprit le professeur, ce malheur si redouté par la femme et par la mère, ce malheur qui devait à la fois frapper le cœur et la position sociale du plus rude des coups, ce malheur irréparable, enfin, vient de s'accomplir au moment où personne ne pouvait s'y attendre.

— Comment? fit Édouard sans sourciller.

— Mlle Berthe est morte.

— En vérité ?

— Elle est morte il y a quinze jours, à Saint-Nazaire, entre les bras des deux dévotes femmes qui l'élevaient avec un soin au-dessus de tous éloges.

— Elle a donc été malade?

— Elle était indisposée depuis le milieu de juin dernier, mais on ne pouvait supposer que cette indisposition, qui semblait légère, eût un résultat aussi fatal.

— Et quand avez-vous reçu cette nouvelle, monsieur Fouché.

— Il y a deux jours, monsieur le comte.

— Et pourquoi vous-a-t-on écrit ce douloureux événement.

— Parce que, si mon père s'est occupé des affaires de Mme la marquise d'Horbigny, je suis en relation, moi, avec le frère du défunt, le baron d'Adore, et vous comprenez que la mort de Mlle Berthe, qui met en possession la fille aînée du baron d'une fortune magnifique, est un événement qui intéresse au plus haut point la famille.

— Sans doute, je comprends cela ; mais ce que je ne comprends pas et que je vous prie en grâce de m'expliquer, c'est le motif qui vous a guidé pour venir me faire part de cette mort, à moi qui suis étranger à la famille d'Horbigny, au lieu de vous adresser directement à la marquise elle-même.

— Oh ! monsieur le comte, dit Fouché en regardant fixement Edouard, est-il donc bien nécessaire de vous expliquer ce motif ?

— Mais oui, Monsieur.

— Alors je vais le faire...

— Je vous en serai obligé, répondit le comte en soutenant sans faiblir le feu qui jaillissait des prunelles ardentes de son interlocuteur.

— Je sais d'une manière toute positive, reprit Fouché, que M. le comte est le meilleur des amis de Mme la marquise d'Horbigny.

— Après ? demanda Edouard.

— Le coup qui la frappe est tellement douloureux qu'il faut, selon moi, toute la délicatesse d'une main aimée pour le porter. C'est à ce titre que je me suis adressé à monsieur le comte.

Edouard s'inclina.

— Ensuite... continua Fouché.

— Ah ? il y a un ensuite ? dit le comte en souriant.

— Ensuite, comme Mlle d'Adore hérite de sa cousine en vertu de la clause du testament du marquis et que Mme la marquise est en possession de l'héritage, les gens d'affaires du baron ont pensé qu'il était indispensable d'avoir recours à la formalité des scellés.

— Ah! ah! fit Edouard en lançant à Fouché un regard ironique. Après?

— Mais, ajouta Fouché, comme la famille d'Adore, tout en voulant obéir à la loi, désire ne pas ajouter encore à la douloureuse situation de la marquise, l'on m'a prié de venir vers vous, monsieur le comte, de vous annoncer que cette désagréable opération de l'apposition des scellés devait avoir lieu après-demain, et de m'adresser à votre amitié pour la pauvre mère, afin de vous engager à l'éloigner de son hôtel durant cette pénible journée.

— Alors, monsieur Fouché, c'est bien là le double but de votre visite?

— Oui, monsieur le comte.

— Vous n'aviez pas autre chose à m'apprendre?

— Non, monsieur le comte.

— Et vous désirez naturellement connaître ma réponse?

M. Fouché fit un signe affirmatif.

— Eh bien! fit tout à coup le comte après un moment de silence et en partant d'un joyeux éclat de rire contrastant étrangement avec le sujet de la conversation qui venait d'avoir lieu, eh bien! cher monsieur Fouché, ma réponse, la voici; je ne dirai rien à la marquise, je ne veux me mêler en rien de cette affaire, et si vous êtes chargé d'aller apposer les scellés dans son hôtel en vertu de droits que vous prétendez avoir, je vous engage à faire la démarche ; mais je vous conseille, vous et vos procureurs, de vous faire dûment escorter, car il pourrait fort bien vous arriver, après être entrés par les portes, de déguerpir par les fenêtres.

— Vous dites ? fit Fouché en se redressant.

— Ah ! ah ! vous ne comprenez pas à votre tour ?

— Je l'avoue.

— Alors, cher monsieur Fouché, à moi de m'expliquer. Mais, avant tout, continua le comte avec l'accent le plus gai et le plus persifleur, permettez-moi de vous donner encore un conseil. Vous m'avez dit que vous étiez professeur ?

— Oui, Monsieur.

— Eh bien ! ayez grand soin d'enseigner à vos élèves ce que je vais vous enseigner à vous-même : dites-leur, et mettez-leur bien ceci dans la tête, cher monsieur Fouché, que le plus niais et le plus sot de tous les métiers est, sans contredit, celui de dupe.

— De dupe ! fit Fouché en tressaillant violemment, tandis que son visage perdait son expression glaciale pour se couvrir subitement d'une rougeur légère. A quel propos cette expression, monsieur le comte ?

— A propos de vous, monsieur Fouché, répondit Edouard en riant de plus belle.

— Monsieur le comte, dit Fouché en reprenant la gravité et l'impassibilité dont il s'était un moment départi, j'ai l'honneur de vous répéter que je ne comprends pas.

— Allons, cher monsieur Fouché ! fit Edouard sur un ton de commisération moqueuse, ne vous roidissez pas ainsi contre l'événement. Une mystification n'est que chose commune.

— Une mystification ! répéta Fouché.

— Eh oui ! N'allez pas vous en fâcher, cher professeur : n'allez pas me donner un *pensum*, je n'y suis pour rien.

— J'attendrai qu'il plaise à monsieur le comte de parler sérieusement.

— Eh bien ! il me plaît, dit Édouard. Venons au fait ! Vous voulez que je prévienne la marquise, n'est-ce pas, qu'un grand malheur vient de la frapper ?

— Oui, Monsieur.

— Qu'elle a perdu sa fille et qu'elle va perdre sa fortune ?

— C'est bien cela.

— Voilà ce que je refuse de faire.

— Peut-on demander pourquoi ?

— J'autorise la demande et vais vous faire la réponse. Je refuse parce qu'aucun malheur n'a frappé Mme d'Horbigny.

— Comment ?

— Parce que sa fille est en excellente santé.

— Mais...

— Et qu'elle n'est nullement menacée de se voir arracher sa fortune ! continua le comte sans daigner faire attention à l'interruption de Fouché.

— Cependant cette lettre, dit celui-ci en tirant de sa poche un papier qu'il ouvrit et plaça sous les yeux du comte, cette lettre annonce bien la mort de Mme Berthe ! Elle porte la date du 4 juillet, et la signature du secrétaire du baron d'Adore.

— Lequel habite ?

— A dix lieues de Saint-Nazaire.

— Très-bien.

Le comte se dirigea vers un cordon de sonnette et l'agita d'une main indolente.

Un valet, couvert d'une livrée somptueuse, se présenta presque aussitôt sur le seuil du salon.

— Champagne ! dit M. de Sommes, apporte-moi la lettre que j'ai reçue ce matin. Elle doit être sur le *bonheur-du-jour*.

Le valet s'inclina, sortit et revint, après quelques instants, tenant à la main un petit plateau d'argent finement travaillé sur lequel on voyait un papier plié en forme de lettre.

Le comte le prit, fit signe au valet de sortir, et se tournant vers Fouché demeuré immobile :

— Votre lettre est datée du 4 juillet, dit-il, elle est signée du secrétaire du baron d'Adore et elle a été écrite à dix lieues de la ville, où est élevée Berthe. Celle-ci est datée du 8 juillet, elle est signée par l'une des deux gouvernantes de Mlle d'Horbigny et elle a été écrite dans la maison même habitée par la fille de la marquise.

— Eh bien ? demanda Fouché.

Le comte tendit la missive tout ouverte à Fouché.

— Vous y verrez, dit-il, qu'après une indisposition assez vive, Berthe a enfin recouvré la santé, qu'elle est plus jolie, plus adorable que jamais, et que la chère enfant ne songe qu'à faire joujou avec les belles poupées que sa mère lui a envoyées de Paris la semaine dernière. Etes-vous convaincu ?

Fouché venait de parcourir des yeux la lettre que lui avait remise le comte. Après l'avoir examinée attentivement dans tous les sens avec une attention qui frisait de près l'insulte, il la rejeta sur le plateau que le valet avait déposé sur une table.

Puis, allant prendre son chapeau qu'il avait laissé sur un siège voisin de celui qu'il avait occupé, il s'inclina profondément devant Edouard.

— Monsieur le comte voudra-t-il bien agréer mes excuses ? demanda-t-il d'une voix ferme.

— Comment donc, cher Monsieur, répondit Edouard, mais je vous pardonne de grand cœur !

— Monsieur le comte est généreux et je lui en suis on ne peut davantage reconnaissant.

— Une autre fois, ne vous laissez plus mystifier, cher monsieur Fouché.

— J'y tâcherai, monsieur le comte.

— Vous reconnaissez donc l'avoir été cette fois ?

— Hélas ! Monsieur le comte, l'évidence est là !..... et après le ridicule d'avoir été dupe, je n'aurai pas celui plus grand de m'obstiner à ne l'être pas.... Encore une fois, que monsieur le comte pardonne à son très humble serviteur le dérangement involontaire qu'il a pu lui causer.

Et Fouché, qui était arrivé sur le seuil de la porte du salon, s'inclina plus profondément que la première fois et sortit à reculons.

A peine se trouva-t-il seul que le jeune seigneur, perdant aussitôt la gaieté factice qui illuminait son visage, parcourut à grands pas la pièce dans laquelle il se trouvait.

— Cet homme est réellement extraordinaire ? dit-il en s'arrêtant subitement. Jamais je n'avais rencontré jusqu'ici un pareil adversaire ! Corbleu !...

Le comte reprit sa promenade.

— Fouché ! reprit-il en marchant plus lentement. Joseph Fouché ! Je n'avais jamais entendu dire que le Fouché de Nantes eût un fils oratorien et professeur à Juilly. Sang-bleu ! il doit donner de belles leçons ? Oh ! si au lieu d'avoir cet homme contre moi, je l'avais pour moi !... Je donnerais, sans hésiter, vingt mille livres pour que cela fût... En attendant il est battu, complètement battu !... Mais quel intérêt le guide dans cette affaire ? Voilà ce qu'il faudra que je sache.

Le comte, en parcourant le salon, était arrivé en face de la porte donnant dans son boudoir. Il l'ouvrit d'une main fébrile et pénétra dans la petite pièce.

Au centre, placée devant un magnifique fauteuil, était une petite table sur laquelle s'étalaient papiers, plumes et encrier. Le comte se laissa tomber dans le fauteuil, et prenant ce qu'il faut pour écrire, il traça rapidement quelques lignes sur le papier parfumé. Quand il eut achevé, il plia sa lettre, la cacheta, mit l'adresse, puis, sonnant :

— Bouton-d'Or ! demanda-t-il au valet qui accourut.

Quelques minutes après, le petit jockey pénétrait à son tour dans la pièce.

— Monte à cheval, dit Edouard en lui tendant la lettre, ventre à terre jusqu'à Paris, et porte cette lettre à l'hôtel d'Horbigny, tu la remettras à la marquise en mains propres. Envoie-moi Champagne.

— Oui, monsieur le comte, répondit Bouton-d'Or en disparaissant comme un sylphe.

— Maintenant, se dit Edouard quand il fut seul de

nouveau, maintenant que mes affaires sont faites ou en bonne voie de s'accomplir, il faut songer à celles de Son Altesse.

Puis, voyant Champagne entr'ouvrir le battant :
— Habille-moi, dit le comte.

III

LE DINER

Après avoir quitté le salon du comte de Sommes, Fouché avait traversé la cour de l'hôtel d'un pas grave et régulier, et, ayant atteint l'avenue de Sceaux, il avait tourné à gauche, comme s'il se fût dirigé vers la place d'Armes.

— Cet homme est très-fort ! murmurait-il en marchant ; depuis le commencement de notre entretien, il savait où je voulais en venir, et rien dans ses paroles n'a décelé ce qu'il pensait. Il est réellement très-fort !... il m'a battu, je le reconnais, mais aussi qui aurait pu prévoir que cette nouvelle que j'ai reçue était fausse ? Comment le baron s'est-il laissé tromper à ce point ? Dans son désir de voir sa fille hériter de plus de six millions en terres, il aura cru le premier niais qui lui a apporté, sur un faux bruit, la nouvelle de la mort de la petite Berthe. Il m'a fait faire une école avec son ridicule empressement. Maintenant la marquise et le comte vont se tenir sur leurs gardes. Sottises sur sottises ! Il fallait attendre ! c'était plus tard qu'il fallait circonvenir l'enfant, profiter habilement de l'éloignement dans lequel la tient sa mère, gagner les gouvernantes, faire entrer la petite au couvent, ainsi que le veut la marquise qui la fait élever en conséquence, mais au lieu de lui laisser faire une donation en faveur de sa mère, la lui faire signer en faveur de sa cousine. Voilà comment l'affaire devait être menée !... Au lieu de cela nous allons bêtement les prévenir ! C'est que ce comte est un homme d'une intelligence remarquable. La leçon ne sera pas perdue pour lui, j'en jurerais, et une fois qu'il sera l'époux de la marquise, au diable l'héritage.

Tout en monologuant ainsi, Fouché avait atteint la place d'Armes. La réception devait-être alors dans tout son éclat. Les équipages, les chaises, les brouettes encombraient la cour Royale, la cour des Ministres et toute la partie de la place située en face des grilles du château. Trois heures un quart sonnèrent à Saint-Louis.

Fouché, pour éviter l'encombrement, suivit la façade des bâtiments des écuries, traversant ainsi la base de la place d'Armes. Comme il achevait de franchir l'Avenue de Saint-Cloud, il se heurta contre un personnage, lequel sortait précisément des grandes écuries.

— Tiens ! fit Fouché en s'arrêtant et en reconnaissant l'un de ses compagnons de voyage du matin, monsieur Marat, je crois ?

— Lui-même, répondit le chirurgien.

— Pardonnez-moi, Monsieur, de vous arrêter ainsi,

continua Fouché, mais puisque vous habitez Versailles, vous allez, je l'espère, pouvoir me rendre un service.

— Qu'est-ce donc ?

— J'avais donné rendez-vous à deux de mes amis, MM. Danton et Saint-Just, avec lesquels nous avons fait route dans le carrabas...

— Ah ! celui qui allait voir Robespierre ?

— Précisément. Je leur avais donné rendez-vous, dis-je, pour aller dîner avec eux, mais j'ai manqué l'heure, ils sont partis sans doute, et ne connaissant pas Versailles, je suis fort en peine pour trouver la maison que Danton m'a indiquée et dans laquelle il devait me conduire.

— Et cette maison est ?...

— Celle de la mère Lefebvre.

— Oh ! dit Marat, je la connais parfaitement. Je vais précisément de ce côté, et si vous le désirez, nous allons faire route ensemble ?

— J'accepte avec empressement, dit Fouché.

Et les deux hommes se mirent aussitôt en route, se dirigeant, d'un pas rapide, vers la rue du Plessis.

Fouché faisait bien en se pressant, car à cette heure même, où il rencontrait Marat, le dîner de la mère Lefebvre commençait à s'avancer.

Jeanneton venait d'apporter sur chaque table un plat de haricots d'un attrayant aspect, et les bouteilles de vin d'Argenteuil avaient presque toutes été renouvelées.

Aussi la conversation était-elle vive, bruyante, animée, et, bien que les convives fussent séparés en trois sociétés distinctes ; bien qu'aucune parole ne fût échangée sur un ton par trop glapissant, il commençait à devenir difficile d'entendre clairement ce que disait son voisin, et surtout de se faire entendre soi-même.

Mais la table la plus bruyante, celle où les rires étaient les plus éclatants et où les bouteilles se succédaient le plus vite étaient, sans contredit, la table occupée par Michel, Tallien, Joachim, Augereau, Talma et l'élève de l'École militaire.

— Eh bien! l'abbé, disait Augereau en tapant sur l'épaule de Joachim, jetons-nous le froc aux orties, endossons-nous l'uniforme!

— Vive la cavalerie! cria le petit abbé en vidant son verre d'un seul trait.

— Bravo! je vous prédis que vous irez loin.

— Je deviendrai capitaine!

— Alors, à vos épaulettes!

Et le maître d'armes choqua son verre contre celui de Joachim.

— V'là un petit particulier là-bas qui me caresse l'œil! dit Mahurec en désignant à ses compagnons le jeune abbé, dont le visage s'empourprait sous l'action du vin cependant peu généreux. Il a un air bon enfant qui fait plaisir à relever. Quel beau petit mousse ça ferait!

— A propos! dit tout à coup Michel, vous savez bien ce que nous a raconté Léonard dans le carrabas!

— L'histoire des empoisonnements? répondit Tallien.

— Oui.

— Est-ce que tu en as entendu parler?

— Mais oui. J'ai des nouvelles toutes fraîches.

— Dites-nous cela, monsieur Michel! dit Talma avec curiosité.

— Où donc en avez-vous eu des nouvelles? demanda Augereau.

— Chez la cliente du patron, madame de Beauharnais.

— Elle vous a parlé de cette histoire !

— Oh non ! pas elle ; mais, tandis que j'attendais, pendant qu'elle était à sa toilette, j'en ai entendu causer dans son salon.

— Bah ! cette aventure-là est donc bien répandue ?

— Il paraît, et Léonard avait raison : il n'est bruit que de ces empoisonnements.

— Sait-on chez qui ils sont commis ? demanda l'élève de l'école militaire.

— On disait que c'était chez M. de Niorres.

— Le conseiller au parlement ? dit Tallien.

— Tiens ! fit Danton, qui depuis quelques instants prêtait l'oreille à ce qu'on disait à la table voisine de la sienne, Robespierre aussi m'a parlé de cette ténébreuse affaire, et c'est effectivement l'hôtel de Niorres qui est le théâtre de ces horribles drames.

— Et qu'en pense-t-il ? demanda Saint-Just.

— Ma foi ! Robespierre est fort embarrassé. On cherche quel but veut atteindre le coupable.

— Oh ! fit observer M. Roger d'une voix insinuante, ce but est facile à deviner : ce doit être l'intérêt.

— Alors l'auteur des crimes serait donc un membre de la famille du conseiller qui aurait intérêt à faire le vide autour de lui ? dit l'avocat en regardant l'employé.

Celui-ci détourna les yeux sous le regard perçant que Danton dirigeait sur lui.

— Je l'ignore, dit-il ; j'émets une opinion, voilà tout.

— Mais cette opinion me paraît bonne, Monsieur.

— Mon Dieu ! je la donne pour ce qu'elle vaut.

Quand à MM. Gorain et Gervais, en dépit de leur loquacité ordinaire, ils avaient écouté jusqu'alors, depuis le commencement du repas, sans oser prononcer une parole.

Les deux bourgeois se sentaient légèrement intimidés d'être placés ainsi en présence de tant de monde, et M. Gorain se trouvait encore sous l'influence des pensées vaniteuses que faisait surgir dans son esprit l'espérance brillante fugitivement suscitée par l'employé.

Cependant ce mutisme obstiné, tellement en dehors de leurs habitudes, et combattu vigoureusement par le sentiment de bien-être que leur procurait le contentement de leur estomac satisfait, commençait à fatiguer étrangement les deux dîneurs.

M. Gorain fut le premier qui se hasarda à rompre le silence.

— De quelle affaire parle donc M. Danton, mon locataire ? demanda-t-il à voix basse à M. Gervais.

— Je ne sais pas trop, reprit celui-ci.

— Quoi ! dit Roger avec étonnement, vous n'avez pas entendu parler des crimes commis à l'hôtel de Niorres ?

— Non, cher Monsieur...

— C'est pourtant une affaire des plus importantes et des plus ténébreuses.

— Qu'est-ce que c'est donc !

— Une succession d'empoisonnements qui désolent la famille de ce respectable magistrat.

— Oui, ajouta Danton, M. de Niorres a déjà vu

mourir ses trois fils, sa sœur, l'une de ses brus et deux de ses petits-enfants.

— Et le criminel n'est pas arrêté? dit M. Gorain.

— On ignore même encore qui il est.

— Comment ! la police ne sait pas cela ?

— Ou si elle le sait, ajouta Danton, elle garde le secret pour elle.

Roger lança en-dessous un profond regard qui darda ses rayons sur le locataire de M. Gorain.

— Mais, continua l'avocat en élevant la parole et en désignant Michel, voici un jeune homme qui prétend avoir des nouvelles à cet égard, n'est-ce pas, monsieur le clerc?

— Oui, maître, répondit Michel en s'inclinant ; j'ai je le répète, des nouvelles toutes fraîches.

— Qu'avez-vous donc entendu dire ?

— Que Mme de Niorres, la jeune veuve du troisième fils du conseiller, avait failli être tuée cette nuit avec son enfant et le pauvre orphelin son neveu.

— Et elle a échappé à la mort ?

— Heureusement. La machine préparée pour faire explosion dans son appartement n'a pas parti.

— Et que dit-on? L'opinion publique accuse-t-elle un coupable? reprit Danton.

— On en est aux probabilités, répondit Michel.

— Ces probabilités, alors, pèsent sur quelqu'un? ajouta M. Roger.

— On fait ce que vous disiez tout à l'heure, Monsieur, on cherche où est l'intérêt qui peut faire accomplir ces crimes.

— Mais, dit Danton avec force, dire cela est accuser un membre de la famille, je le répète.

— Oh! fit M. Roger en secouant la tête, malheureusement ce ne serait pas là le premier exemple que donneraient les annales du crime.

— Le conseiller a-t-il donc un autre enfant?

— Il a une fille mariée à M. de Nohan.

— Et puis?

— Deux nièces.

— Ah! dit Michel, on disait chez Mᵐᵉ de Beauharnais que ces deux jeunes filles étaient fiancées à deux gentilshommes de vieille noblesse.

— Sait-on leur nom?

— Oui, ce sont MM. le marquis d'Herbois et le vicomte Renneville.

— Hein? fit brusquement un organe sonore, et Mahurec se dressa sur sa chaise. Quoi qu'y a?

— Chut!... tais-toi donc! dit vivement Lefebvre en tirant par le bras son ami afin de le contraindre à se rasseoir.

Le soldat craignait de contrarier les pratiques de sa femme en laissant Mahurec se mêler à la conversation.

— Mais, dit le matelot, c'est mes lieutenants...

— Eh bien, tais-toi!

— Mais t'as donc pas entendu ce que dit cet autre, qu'ils vont se bourlinguer dans une maison d'empoisonneurs...

— Assieds-toi et écoute!

Mahurec obéit en grommelant : les paroles échangées entre lui et Lefebvre n'avaient point été entendues des autres personnages, lesquels avaient continué la conversation engagée d'une table à une autre.

— Mais, avait dit vivement Danton, MM. d'Herbois et de Renneville sont les deux jeunes gens avec lesquels nous avons fait route ce matin.

— Tiens ! c'est vrai ! ajouta Saint-Just. Vous les connaissez, puisque vous nous avez présentés à eux, moi et M. Fouché.

— Oui, certes, je les connais, et je m'en fais honneur, répondit Danton, car ce sont non seulement deux excellents gentilshommes, mais encore, mais surtout deux braves cœurs et deux intelligences supérieures.

— C'est çà parler ! cria Mahurec incapable de se contenir en entendant vanter les précieuses qualités de ses lieutenants. Vous êtes un brave terrien... vous, l'homme en noir...

— Tais-toi donc, dit Lefebvre.

— Je dis que celui-là est digne d'être matelot !

Cette fois Danton avait entendu ; il sourit en regardant Mahurec.

— Ah ! mon brave, fit-il en s'adressant au marin, vous connaissez aussi MM. d'Herbois et de Renneville ?

— Si je les connais ?... En v'là une bêtise !... c'est-à-dire, ajouta le matelot en se reprenant vivement, je voulais dire en v'là une farce ! Je les connais depuis qu'ils naviguent, voyez-vous, et le premier qui en dirait du mal...

— Allons ! mange donc, interrompit Lefebvre en tirant son ami par sa vareuse.

— Laisse-donc, toi ! dit Mahurec en repoussant le

soldat ; tu vois bien à cette heure qu'il s'agit de mes lieutenants, et Mahurec est là, prêt à déralinguer qui qui les rangerait trop bord à bord. Pour lors, et d'une, c'est pas tout ça, continua le matelot en quittant sa table pour venir se camper en face de Danton, vous m'avez largué de bonnes paroles, vous ; vous me faites celui d'être solide comme un gabier d'artimon. Faut pas être fier avec un pauvre matelot qui aime ses chefs et lui larguer la vérité dans le grand ! Si j'ai bien relevé le point, mes lieutenants sont à la veille de s'affaler dans la vase, mais minute, que je dis : ouvre l'œil et défie de la marée qui porte au vent !... Faut jeter le plomb de sonde dans ce gâchis-là, et savoir un brin quel fond qu'il rapporte !

Et sans plus de cérémonie, le matelot posa l'une de ses larges mains sur la table devant laquelle étaient assis Danton et Saint-Just, et de l'autre attirant le banc dont il fit glisser l'extrémité entre ses jambes, il s'assit carrément.

M. Roger, glissant doucement sur son siège, se rapprocha du matelot.

— Mon ami, dit l'avocat du ton le plus bienveillant, je ne puis vous apprendre rien autre chose que ce que vous venez d'entendre vous-même ; je n'en sais pas plus. Mais puisque vos lieutenants sont fiancés tous aux nièces de M. de Niorres, je m'explique l'air chagrin que j'ai remarqué ce matin sur leur visage.

— Hum ! fit Mahurec en secouant la tête d'un air mécontent, faudra que je relève le point moi-même.

— Comment ! dit M. Roger qui causait à voix basse avec les deux bourgeois et avec Saint-Just, MM. d'Her-

bois et de Renneville sont fiancés à Mlles de Niorres !...
C'est particulier ! Ils ne m'ont pas dit un mot de ces
mariages !

— Vous les connaissez aussi ? demanda Danton.

— Mais beaucoup... beaucoup... Je me suis occupé
de leurs affaires durant leurs nombreux voyages, et
j'avoue que ce n'était point une petite besogne. Ces
marins ! Ils ne se doutent pas de la valeur de l'argent.
Une fois à terre, ils jettent les louis par les fenêtres avec
une facilité...

— C'est vrai ! dit Tallien ; je me rappelle maintenant avoir entendu parler de ces messieurs à l'étude.
Il paraît qu'ils ont jadis mené l'existence la plus
fastueuse...

— Hélas ! fit l'employé en soupirant, ils n'ont jamais
cessé de vivre ainsi.

— Ils sont donc riches ? demanda Danton.

— Ils ne possèdent plus un sou de patrimoine : tout
a été follement gaspillé avec l'insouciance de la jeunesse... Ce sont des jeunes gens charmants ! Ils ont un
avenir superbe, mais je dois avouer que leur présent
est grevé de dettes énormes...

— Comment payeront-ils ! dit M. Gorain ; s'ils n'ont
plus rien.

— Le roi ne les laissera pas dans l'embarras, puis,
l'avenir répond d'eux... Je sais bien que tous leur créanciers ne sont pas de mon avis. Il y en a même d'intraitables, mais, pour moi, je suis tranquille...

— Il vous doivent ? demanda Danton.

— Oui, je les ai obligés souvent, pour des sommes

assez fortes, mais je ne crains rien... j'ai en eux une confiance absolue. Ainsi, il y a un remboursement prochain, et je suis certain qu'il payeront.

— Avec les deniers du roi, dit Danton ; mais si le roi ne paye pas ?

— Oh ! ils se tireront d'affaire. D'ailleurs, il le faut bien ! Il y a parmi leurs créanciers deux gaillards qui ne badinent pas et qui, pour soixante mille écus qui leur sont dus, ne reculeraient pas devant le scandale le plus désastreux. Le vicomte et le marquis le savent bien. Aussi ils se mettent en mesure de rembourser, j'en réponds.

— Pauvres jeunes gens ! dit l'avocat, je ne les croyais pas dans une situation aussi fâcheuse.

— Bah ! fit M. Gervais, un bon mariage les tirera d'affaire ; et puisqu'ils doivent épouser Mlles de Niorres.

— Mais, fit observer Danton, j'ai entendu dire que les nièces du conseiller ne vivaient que des bontés de leur oncle et ne possédaient aucune fortune.

— Pour le présent, oui, dit M. Roger ; mais l'avenir peut être beau. Si les deux enfants du conseiller et sa fille mouraient à leur tour comme sont morts ses trois fils, Mlles de Niorres seraient les seules héritières d'une fortune immense. Certes, je suis convaincu que le vicomte et le marquis sont incapables d'avoir songé à cela ; mais enfin...

M. Roger n'acheva pas sa pensée ; Danton le regardait avec une fixité telle qu'il détourna encore la tête.

— Tiens ! tiens ! tiens ! fit Tallien à l'oreille de Michel, je n'avais pas pensé à cela, moi ; il a raison, ce monsieur !

Quant à Mahurec, il avait écouté sans trop comprendre. Il regardait les dettes de ses lieutenants comme des peccadilles de jeunesse auxquelles il n'attachait pas la moindre attention, et il était si loin de supposer qu'une pensée mauvaise pût germer dans la tête d'autrui à l'égard de ceux qu'il aimait, qu'il interpréta que comme une parole dite en l'air l'observation insidieuse de l'employé du ministère de la Maison du roi.

Ce fut à ce moment que Fouché, accompagné du chirurgien Marat, entra dans la salle. Danton frappa sur la table en l'apercevant.

— Allons donc! dit-il. Je vous croyais perdu dans Versailles. Vous avez manqué notre rendez-vous.

— Ce n'est pas ma faute, répondit Fouché en prenant la place que Mahurec venait de quitter pour regagner la sienne près du soldat aux gardes françaises; j'ai été retenu plus longtemps que je ne le voulais.

— Eh bien! Monsieur, dit Marat en s'asseyant près de Fouché, et en s'adressant à l'avocat tandis que Jeanneton s'empressait de servir un nouveau dîner, avez-vous vu Robespierre.

— Oui, Monsieur; et nous avons eu ensemble une longue conférence.

— Relativement à l'enlèvement de l'enfant?

— Quel enfant? demanda Fouché en s'efforçant de s'arracher à une préoccupation qui absorbait son esprit d'une façon évidente.

— Eh l'enfant du teinturier, la *jolie mignonne*; la fille de Bernard, enfin, repondit Danton. Ne vous souvenez-vous donc plus de ce que je vous racontais il y a à peine quelques heures?

Fouché, qui portait à ses lèvres pâles une cuillerée de potage puisée dans l'assiette qu'il avait devant lui, s'arrêta subitement et laissa retomber le liquide fumant.

— C'est vrai, dit-il ; j'avais complètement oublié...

— Eh! fit Saint-Just en riant, on dirait, mon cher professeur, que vous tombez des nues !

— Quel âge a donc cette petite fille ? demanda Fouché.

— Quatre ans, répondit Danton.

Fouché baissa la tête et parut réfléchir profondément.

Mahurec semblait ruminer un projet dans sa cervelle ; il n'avait prêté aucune attention à ce qui venait de se dire ; mais Jean, le garçon de maître Bernard, avait écouté avec un vif intérêt les paroles relatives à la petite fille de son patron.

A la table de Michel, tous les convives avaient cessé leurs conversations particulières depuis qu'il avait été question de M. de Niorres, et maintenant ils semblaient s'occuper de l'enfant perdu ou volé

Personne donc, M. Roger excepté, ne remarqua la préoccupation visible de Fouché, ni la tension d'esprit manifeste à laquelle se livrait Mahurec.

— Et que vous a dit Robespierre ? demanda Marat de sa voix brève et sifflante.

— Il m'a fait raconter tous les détails de ce triste événement, répondit Danton ; puis nous avons pesé chaque circonstance, enchaîné chaque déduction, commenté chaque probabilité.

— Et... vous avez conclu ?

— Que la *jolie mignonne* n'avait pu être enlevée à ses parents que par des mains puissantes : car si l'enfant eût été dérobé par quelque mendiante, les recherches rapides, actives et multipliées, auxquelles on s'est livré dès le premier instant de la disparition de la *jolie mignonne*, eussent certes porté leurs fruits.

— Cela est en effet probable, dit Marat.

MM. Gorain et Gervais se poussèrent mutuellement le genou. M. Roger demeurait impassible et examinait Fouché.

Celui-ci semblait s'occuper exclusivement de son repas ; tout symptôme de préoccupation avait disparu.

— Et, reprit Marat, cela explique encore la nullité des efforts de la police. Elle n'a pas les ongles assez aigus pour fouiller dans les affaires de la noblesse.

— Espérons, pour la tranquillité de chacun, pour la liberté individuelle de tous, que ces ongles lui pousseront, dit Saint-Just en relevant la tête.

— Bah ! répondit le chirurgien en haussant les épaules, les privilèges sont de puissants ciseaux pour rogner les griffes. Le jour dont vous parlez, jeune homme, n'est pas près de luire ; à moins que...

— A moins que ?... répéta Saint-Just en voyant Marat s'arrêter.

— A moins que la volonté du peuple ne lacère d'abord ces privilèges stupidement insolents.

— La volonté du peuple ? dit M. Gorain en regardant M. Gervais ; qu'est-ce que c'est que cela ?

— Je ne sais pas, compère, répondit le second bourgeois.

— C'est quelque chose que la France connaîtra un

jour, dit le chirurgien en lançant un coup d'œil à Danton.

— *Vox populi, vox Dei!* dit l'avocat avec un peu d'emphase.

— Qu'avez-vous donc, mon cher ami? demanda Talma à l'élève de l'Ecole militaire qui venait de tressaillir brusquement.

— Rien, répondit celui-ci d'une voix grave : je pensais...

— A quoi donc?

— A l'avenir.

— Est-ce que c'est votre conversation avec votre professeur d'histoire, M. de l'Eguille, que nous avons rencontré en venant ici, qui vous a mis dans ces dispositions rêveuses? Vous aurait-il donné une mauvaise note pour les examens que vous allez passer?

— Lui? Oh! nous sommes au mieux ensemble ; et tenez, mon cher Talma, voici un extrait de son rapport qui me concerne et qu'il vient de me donner.

Le jeune homme prit un papier dans sa poche et le tendit à son compagnon. Talma l'ouvrit, le lut et se mit à rire.

— *Napoléon Bonaparte,* dit-il en reportant ses yeux sur le papier, *Corse de nation et de caractère. Il ira loin si les circonstances le favorisent.* Peste! quelle belle prédiction.

— Quatre heures et demie! dit tout à coup Tallien. Le carrabas part à cinq heures, nous n'avons que le temps d'aller jusqu'à la place d'Armes. Viens-tu, Michel?

— Nous vous accompagnons! ajouta Talma en se levant.

— Et vous, l'abbé ? demanda Augereau en s'adressant à Joachim, demeurez-vous à Versailles à attendre votre M. de Talleyrand, que vous n'avez pas encore rencontré ?

— Moi ? répondit Joachim, je vais à Paris, je brûle ce soir ma soutane et dès demain je me fais soldat !

— Bravo ! en route ! je vous apprendrai à manier le sabre !

— Et vous ne perdrez pas votre temps !

Toutes les pratiques de la mère Lefebvre s'étaient levées, et, après avoir soldé leur dépense, ils gagnèrent la rue, se dirigeant vers la place d'Armes.

— Nous partons aussi ! dit M. Gorain en interrogeant du regard M. Roger.

— Je n'aurai pas l'honneur de faire route avec vous, répondit celui-ci. Je reste à Versailles, mais j'aurais le plus vif plaisir à vous revoir, Messieurs, et si vous le permettez...

— Comment donc ! tit M. Gorain, enchanté...

— Vous allez voir ce pauvre Bernard, sans doute ?

— Oui, nous irons chez lui ce soir. Pauvre homme ! nous lui dirons que nous avons eu l'avantage de votre rencontre et que le roi et Monseigneur s'intéressent à lui. Ce sera une grande consolation.

— C'est cela, dit M. Roger, et moi je vais m'occuper des affaires de MM. d'Herbois et de Renneville.

— Ah ! ça, ces pauvres gentilshommes sont donc dans de bien mauvais draps décidément ?

— Je ne sais comment ils pourront s'en tirer si un miracle ne leur vient en aide ! dit M. Roger en baissant la voix. Je n'ai pas osé en parler nettement tout à l'heure devant tout le monde, entre nous... je les crois au bout du rouleau !

— Pauvres garçons ! dit M. Gervais.

— Il ont des dettes effroyables et le roi ne payera rien, et qui pis est... les soupçons les plus graves peuvent peser sur eux !

— Comment ?

— Dame ! si leurs futures femmes héritaient, on pourrait leur attribuer...

— Oh ! fit M. Gorain en comprenant soudain.

— Au revoir ! dit brusquement l'employé ! Je me sauve ! Et, tournant à gauche, M. Roger disparut rapidement. Les deux bourgeois se regardèrent et se mirent en marche.

Fouché s'était rapproché de Danton :

— Vous m'avez dit que Bernard, le père de l'enfant volé, demeurait rue Saint-Honoré ? demanda-t-il.

— Oui, répondit Danton, à quelques pas de la maison que j'habite.

— Bon ! merci !

— Est-ce que vous voulez voir ces pauvres parents ?

— Oui.

— Eh bien ! venez déjeuner demain avec moi, nous irons ensemble leur rendre visite.

— Demain, dit Fouché, serait bien tard. C'est aujourd'hui, en arrivant à Paris, que je désire les voir.

— Vous avez quelque chose à leur dire touchant leur fille ?

— Peut-être.

— Oh ! si c'est un secret...

— Ce n'est pas le mien ! dit vivement Fouché.

— C'est qu'en arrivant à Paris, je ne rentre pas chez moi, fit observer Danton.

— Eh bien ! j'irai seul... cependant j'eusse préféré un introducteur qui les assurât de mes bonnes intentions.

L'avocat réfléchit.

— Eh, mais ! fit-il tout à coup, j'ai votre affaire ! Je ne puis vous conduire chez Bernard ce soir, mais M. Gorain, mon propriétaire, est l'intime ami du teinturier. C'est lui qui vous présentera. En arrivant à Paris, je le prierai de vous mener chez Bernard et il se fera un plaisir de vous être agréable.

— Merci, j'accepte ! dit Fouché en serrant la main de l'avocat.

Tandis que le professeur et son ami échangeaient la rapide conversation que nous venons de rapporter, Mahurec, qui avait fait ses adieux à Lefebvre et à sa femme, doublait le pas pour rattraper les autres voyageurs.

Le digne marin paraissait de plus en plus préoccupé et son cerveau se livrait évidemment à un travail pénible, car son front était sombre, ses sourcils contractés et son regard vague errait sur les objets sans les voir. Après avoir fourni une course rapide, il atteignit le groupe formé par Michel, Tallien, Augereau et Joachim.

— Pardon, excuse, dit-il en s'adressant à Michel, qu'il tira par le pan de son habit, je voudrais, comme qui dirait vous larguer deux mots dans le pertuis de l'entendement.

— Qu'est-ce que c'est, mon brave ? répondit le jeune

clerc en souriant et en laissant prendre l'avance à ses compagnons pour obéir au désir manifesté par le matelot.

— C'est par rapport à M. de chose, vous savez? le particulier aux deux nièces, de l'homme dans la case de qui qu'il y a un gâchis si numéro un.

— M. de Niorres, vous voulez dire?

— Oui, c'est cela. Je voudrais connaître son gisement.

— Son... quoi ? demanda Michel qui ne comprenait pas ce que voulait dire le gabier.

— Son gisement, que je dis, là où qu'il perche, quoi !

— Ah ! très-bien ! M. de Niorres habite la rue du Chaume.

— La rue du Chaume ? Dans quelle aire que c'est ça ?

— Dans le Marais, près la rue du Temple, répondit Michel qui devina ce que lui demandait son interlocuteur.

— Bon ! merci ! bien obligé.

— C'est là tout ce que vous vouliez savoir, mon brave ?

— Oui, c'est tout.

Michel fit un signe amical au marin et rejoignit ses amis.

Mahurec demeura seul, en arrière, longeant les maisons de la rue du Plessis.

— M. de Niorres, rue du Chaume, au Marais, se dit-il, comme pour bien graver ce nom dans sa mémoire. Maintenant que je connais le relèvement, je n'ai qu'à mettre le cap dessus et à nager un bon coup !

Mahurec se donna une énorme tape à poing fermé dans le creux de l'estomac.

— Le gabier est en vigie sur les hautes vergues! continua-t-il. Il ouvre l'œil et c'est pas à lui qu'on fera jamais prendre des requins pour des dorades! Mes pauvres chers lieutenants, tout ce que j'aime sur la terre, quoi! tonnerre! Allons, matelot, te v'là en chasse! ouvre l'œil aux bossoirs! veille! veille!

En ce moment Mahurec atteignait la place d'Armes, et devant lui stationnait le carrabas dans lequel prenaient place les personnages qui venaient de quitter avec lui le logis de la mère Lefebvre.

IV

LE JARDIN

L'ancien jardin du Palais-Royal, beaucoup plus vaste que celui d'aujourd'hui, comprenait, sous le règne de Louis XV et au commencement de celui de Louis XVI, outre le terrain du jardin actuel, tout l'emplacement qu'occupent les corps de bâtiments et les galeries qui entourent les trois côtés de ce jardin, plus celui des rues de Valois, de Montpensier et de Beaujolais.

Les hautes maisons dont la façade se trouvait sur les rues de Richelieu, des Bons-Enfants et Neuve-des-Petits-Champs, avaient vue à découvert sur le petit parc du duc d'Orléans, dont le plus bel ornement était une allée de marronniers, vieux, touffus, magnifiques ; allée vaste, large, toujours peuplée d'oisifs, de nouvellistes et de femmes en quête d'aventures.

Au 1ᵉʳ août 1781, on commença à porter la cognée sur les arbres antiques de cette promenade et la désolation dans le cœur de ses habitués.

Le duc de Chartres, doué d'une sorte d'activité fébrile, venait de faire bâtir sa fameuse *Folie de Chartres*, nouvel Elysée situé aux portes de Paris à quelque distance de Monceau. Or, les édifices ne s'érigent qu'à grands frais : le duc avait reçu de l'abbé Bourdeau, directeur de ses finances, l'avis assez triste que les fonds baissaient sensiblement dans les coffres de l'illustre entrepreneur. Mais, en même temps, Bourdeau, économiste ingénieux, avait proposé au prince l'adoption d'une spéculation qui pouvait offrir de grandes ressources et que Son Altesse s'était empressée d'accepter. Donc, les arbres du jardin étaient tombés, trois rues nouvelles, celles de Valois, de Montpensier et de Beaujolais, avaient été tracées, et de grands corps de bâtiments destinés à être loués au commerce et aux particuliers, avaient jeté leur fondation autour du jardin singulièrement rétréci.

Les propriétaires des maisons situées rue de Richelieu, rue des Bons-Enfants et rue Neuve-des-Petits-Champs, dont les derrières donnaient sur ce jardin condamné, avaient aussitôt jeté les hauts cris, et bien qu'ils n'eussent aucun droit, qu'ils n'eussent joui jusqu'alors que d'une simple concession, ils mirent au projet du duc des oppositions souvent reproduites et toujours inutiles, mais incessamment tracassières. Paris entier se souleva contre le noble spéculateur. Les libelles, les épigrammes tombèrent, dru comme grêle, sur les constructions, les architectes et le propriétaire. Rien n'y fit. En janvier 1782, les fondations des nouveaux édifices furent jetées, et, malgré les clameurs publiques, les trois faces des bâtiments qui entourent le jardin furent achevées sur les dessins du sieur Louis.

La quatrième face, du côté du palais, qui devait être la plus magnifique, demeura inachevée. Ce fut sur ce terrain, situé entre les constructions principales du Palais-Royal et les galeries de pierres latérales, que l'on construisit ces *galeries de bois* d'un si vilain aspect, où s'établit une foire perpétuelle qui traversa tous les orages de la Révolution, tous les triomphes de l'Empire, toutes les stérilités de la Restauration, pour venir perdre tout son éclat en subissant la transformation qui fit, des galeries de bois, la magnifique galerie vitrée si peu fréquentée de nos jours.

Chose singulière ! à une époque où l'on commençait à prêcher la *liberté* et l'*égalité*, chacun fit un crime au duc de Chartres de toucher à ses propres propriétés et de chercher à payer ses dettes nombreuses, sans emprunter, sans spolier le trésor royal, en s'efforçant d'augmenter ses revenus par des moyens parfaitement légaux et qui donnaient du pain à de nombreux ouvriers. Certes, je n'entreprendrai pas la défense du duc de Chartres devenu ensuite M. Egalité ; mais au milieu de ses vices, il est une qualité qu'aucun écrivain n'a fait ressortir : le duc de Chartres n'a jamais eu recours au roi pour solder ses créanciers, et il a toujours fait honneur à ses affaires dans un temps où les plus grands seigneurs étaient les plus mauvais débiteurs.

Les constructions achevées, comme il fallait bien les accepter, on les critiqua avidement. On prétendit que l'architecture était mesquine et peu convenable à un aussi vaste édifice, que les cent quatre-vingts arcades qui communiquent de la galerie publique au jardin, étaient trop étroites et mal exécutées, que le duc de Chartres aurait pu choisir un architecte plus habile, mais la foule n'en accourut pas moins dans ce splendide bazar.

L'affluence se porta surtout, par une cause encore inexpliquée, vers les *galeries de bois*. Les commerçants forains se disputèrent les places, payèrent cher, vendirent beaucoup, et en peu de temps tout le monde fut satisfait, quoique chacun continuât à crier.

Le jardin, les galeries devinrent promptement le rendez-vous de tous les promeneurs, de tous les étrangers, le centre de beaucoup d'affaires, le foyer des jeux de hasard, des plaisirs et de la débauche. Ceux de mes lecteurs dont les jeunes années remontent à l'époque de la Restauration, peuvent seuls se faire une idée exacte de ce qu'était ce lieu favori de la foule.

Depuis 1784 jusqu'aux premières années qui suivirent la révolution de 1830, durant un demi-siècle entier, tant que vécurent les horribles *galeries de bois* enfin, le Palais-Royal fut l'endroit le plus renommé, le plus connu, le plus curieux non-seulement de Paris et de la France, mais de l'Europe entière, mais du monde civilisé ! Etrangers, provinciaux, pauvres voyageurs, grands seigneurs, en débarquant dans la capitale, affluaient immédiatement vers le Palais-Royal.

« Palais-Royal ! Point unique sur le globe ! s'écrie Mercier dans ce volumineux panorama nuageux que l'on nomme le *Tableau de Paris* et dans lequel jaillissent parfois des éclairs étincelants. Visitez Londres, Amsterdam, Madrid, Vienne, vous ne verrez rien de pareil : un prisonnier y pourrait vivre sans ennui et ne songer jamais à la liberté. On l'appelle la *capitale de Paris*. Tout s'y trouve. Mais mettez là un jeune homme ayant vingt ans et cinquante mille livres de rente, il ne voudra plus, il ne pourra plus sortir de ce lieu de féerie ; il deviendra un Renaud dans ce palais d'Armide ; et si ce héros y perdit son temps et presque sa gloire, notre jeune homme y perdra le sien et sa fortune. Ce séjour enchanté est une petite ville luxueuse, renfermée dans une grande : c'est le temple de la volupté d'où les vices brillants ont banni jusqu'au fantôme de la pudeur. Quelque chose que vous puissiez désirer, vous êtes sûr de l'y trouver : vous y aurez jusqu'à des cours de physique, de poésie, de chimie, d'anatomie, de langues, d'histoire. Là, on peut tout voir, tout entendre, tout connaître. Il y a de quoi faire d'un ignorant un savant, mais c'est là aussi que le libertinage est éternel. Les Athéniens élevaient des temples à leurs Phrynées ; les nôtres trouvent le leur dans cette enceinte. »

Ce que l'on nomme aujourd'hui *la Bourse*, c'est-à-dire la réunion des joueurs spéculant sur les fonds publics, avait lieu au Palais-Royal, dans les jardins, dans les cafés. Trois fois par jour, les *agioteurs* s'y donnaient rendez-vous et s'y réunissaient régulièrement.

« C'est une jolie boîte de Pandore, dit encore Mercier, elle est ciselée, travaillée, mais tout le monde sait ce que renfermait la boîte de cette statue animée par Vulcain. »

Tous les métiers les plus opposés y étalaient leurs montres : un restaurateur à côté d'un libraire, des colifichets de la mode à côté d'instruments de précision.

Quoique tout augmentât, triplât, quadruplât de prix dans ce lieu renommé, il semblait y régner une attraction qui attirait l'argent de toutes les poches. Le Palais-Royal (pour nous servir d'une expression qui rend parfaitement notre pensée) *desséchait* par son commerce les quartiers environnants, qui ne figuraient plus autour de lui que comme des provinces tributaires.

A une époque où le luxe des magasins était encore si peu connu, les yeux étaient fascinés par toutes les mille décorations extérieures que les marchands plaçaient devant leurs boutiques sous les arcades.

Le *Camp des Tartares* surtout regorgeait de tout ce que pouvait désirer les promeneurs avides de satisfaire le spectacle des yeux. (On nommait *Camp des Tartares* les deux galeries adossées, ou *galeries de bois*, qui attendaient l'achèvement de la construction.)

De tous côtés les cafés regorgeaient, pullulaient. Nouvellistes, discoureurs, auditeurs, lecteurs de gazette y foisonnaient.

Les deux tiers de la population parisienne ne passaient pas une journée sans traverser le Palais-Royal, sans y venir soit par plaisir, soit pour affaires.

Peu de mois avant l'époque où a commencé ce récit, s'était établi vers le milieu de la galerie Montpensier, un café où l'on courait à cause d'un ingénieux mécanisme qui, à l'exemple de la fameuse table de Choisy, apportait sur chaque guéridon ce que le consommateur avait demandé, sans l'assistance d'aucun agent visible. Cet établissement, désigné sous le nom de *Café-Mécanique*, était un joujou amusant fort les Parisiens et jouissant alors d'une vogue extraordinaire. Toutes les classes de la société y affluaient, et depuis le dernier commis de magasin y venant endimanché, jusqu'au grand seigneur s'y rendant incognito, chaque habitant de la capitale tenait à honneur de pouvoir dire : J'ai pris mon café à la *mécanique* !

De midi à minuit tous les degrés de l'échelle sociale s'étaient déroulés dans l'établissement, à la plus grande joie de l'heureux propriétaire.

Le soir surtout (nous sommes au mois de juillet), le café ne désemplissait pas, et ses abords étaient presque constamment obstrués par la foule des curieux non moins grande que celle des consommateurs.

Quelques heures après le départ de Versailles du carrabas qui avait ramené vers Paris une partie des voyageurs que nous en avons vus partir le matin, le jardin du Palais-Royal resplendissait d'animation, de toilettes et de bruit. Il était sept heures et demie, le jour commençait à tomber, la chaleur était encore assez forte, et comme il arrive souvent après l'une de ces brûlantes journées d'été, une sorte de brouillard violacé, vapeur se dégageant de la terre et se mélangeant à une poussière impalpable, formait comme un voile de gaze en se condensant au-dessus de la tête des nombreux promeneurs. Rien de plus extraordinairement animé, de plus émouvant, de plus varié, de plus gai, de plus entraînant que le coup d'œil que présentait le jardin à cette heure du crépuscule, précédant l'instant du souper pour la classe bourgeoise et le peuple qui avaient conservé les anciens usages, et suivant celui du dîner pour l'aristocratie et les classes riches, lesquelles se modelaient naturellement sur les habitudes de la cour : Louis XVI dînait à cinq heures. Promenade apéritive pour les uns, promenade digestive pour les autres, chacun se pressait dans les allées, sous les arcades, causant, riant, méditant en regardant.

« Là, dit Mercier que nous citons encore, car il parle *de visu*, on se regarde avec une intrépidité qui n'est en usage dans le monde entier qu'à Paris, et à Paris de même que dans le Palais-Royal : on parle haut, on se coudoie, on s'appelle, on nomme les femmes qui passent, leurs maris, leurs favoris, on les caractérise d'un mot, on se rit presque au nez, on roule dans le tourbillon, et cela sans s'offenser, sans vouloir insulter personne.

« Tantôt la poignée d'une épée s'engage dans les plis d'un falbala dont elle arrache un lambeau. Tantôt le bout du fourreau s'arrête dans une garniture de *points* et déchire une vingtaine de mailles. Les boutons des habits emportent les fils délicats de la blonde des mantelets, et l'on n'est occupé qu'à faire une profonde inclination aux femmes dont le pied presse involontairement la robe.

« Ici, un gros procureur foule pesamment la terre et brise la chaise sur laquelle il s'assied, là, un abbé légèrement penché sourit aux gens qui passent, et sa face rubiconde annonce la bonté de son riche *bénéfice*. Plus loin, une bande d'étourdis regarde impertinemment les femmes. Près des arcades, des courtisanes étalent le luxe insolent de leurs toilettes éclatantes. Tout un monde enfin bigarré, poudré, parfumé, qui se presse et circule dans ce labyrinthe de rubans, de gazes, de pompons, de fleurs, de robes, de boîtes de rouge, de paquets d'épingles longues de plus d'un demi-pied. »

Dans les *galeries de bois*, sous les arcades, des gens affairés vont, viennent, se précipitent en fredonnant dans les petits spectacles de tous genres qui pullulent, y entrent, en sortent en bousculant tout ce qui se trouve sur leur passage.

Parmi cette foule insouciante et animée, deux jeunes gens, causant à voix basse, longeaient les murs des galeries, paraissant désireux de se tenir à l'écart. Ces deux jeunes gens étaient le marquis d'Herbois et le vicomte de Renneville.

— Sept heures et demie ! dit l'un en interrogeant le cadran de sa montre. Es-tu certain, Henri, de ne pas t'être trompé ?

— J'en réponds, M. Roger m'a donné rendez-vous ici même, le long de la galerie de Valois à sept heures.

— Comment se fait-il qu'il ne soit pas arrivé ?

— Oh ! il va venir. Attendons encore un peu.

— Il paraissait bien disposé pour nous ?

— Comme de coutume. Son obligeance est toujours la même. C'est le bonheur qui l'a mis sur notre route. Sans lui, ce départ si brusque serait impossible.

— Et il faut partir demain dans la nuit.

— Nous partirons, Charles, si toutefois Blanche et Léonore veulent nous suivre.

— Dussions-nous les enlever de vive force, dit le marquis d'un ton décidé, il faut bien qu'elles partent. Pouvons-nous les laisser exposer au danger qui les menace ? D'ailleurs, vivre ainsi est impossible ! Je ne le pourrais davantage, Henri !

— Tandis que je voyais Roger, tu as pu trouver Saint-Jean ? demanda le vicomte.

— Oui. Tout est convenu avec lui. Ce pauvre garçon qui nous est si dévoué, qui adore son maître tout en déplorant sa faiblesse relativement à une résolution à prendre, m'a promis de tenir demain, rue du Grand-Chantier, à une heure du matin, une voiture attelée. C'est Georges qui nous conduira au premier relais de poste. De cette façon, aucun étranger dont nous ne pourrions être sûrs ne sera dans la confidence.

— Elles auront nos lettres ce soir et ce soir aussi nous aurons les réponses... mais si elles refusaient.

— J'ai tout prévu. Saint-Jean m'a remis l'empreinte de la serrure de la porte du jardin, j'ai fait faire une clef et...

— Voici M. Roger ! interrompit le vicomte.

Les deux jeunes gens s'arrêtèrent. Un personnage, sortant brusquement par une arcade située à peu de distance, venait d'apparaître dans le jardin.

Ce personnage, qui n'était autre que celui que nous avons vu à Versailles, dînant chez la mère Lefebvre, regarda attentivement de tous côtés, puis apercevant à son tour les deux jeunes gens qui venaient de le reconnaître, il se dirigea vers eux.

— Bonsoir, mon cher Roger ! dit le marquis d'un ton affectueux.

— Votre serviteur, Messieurs, répondit l'employé de M. de Breteuil en s'inclinant. Je suis en retard. Je vous demande humblement pardon. Des affaires impérieuses m'ont retenu pour le service de Monseigneur, plus longtemps que je ne le croyais, mais me voici à votre entière disposition. Que voulez-vous de moi ?

— Vous le savez bien ! dit le marquis en souriant.

— Je vous ai expliqué en deux mots ce que nous vous demandions, ajouta le vicomte.

— Oui, oui, je sais, répondit M. Roger, mais c'est précisément ce que vous désirez, Messieurs, qui est difficile à trouver. L'argent est rare, et l'ami qui me met ordinairement à même de vous obliger est absent en ce moment, car pour moi, vous savez que je n'ai aucune fortune. Je sers d'intermédiaire entre vous et mon ami, qui ne veut pas que son nom paraisse dans ces affaires...

— Mon bon Roger, dit le marquis, il s'agit pour nous de la chose la plus importante. Vous ne nous laisserez pas dans l'embarras pour deux cents misérables louis.

— Hélas ! si je les avais...

— Mais à défaut de l'ami en question, n'en possédez-vous pas quelqu'autre ?

— Je sais bien quelqu'un qui pourrait...

— Nous sommes sauvés ! s'écria le vicomte.

— Mais, ajouta Roger, ce quelqu'un est un homme d'une avidité effroyable !

— Qu'importe les intérêts ! dit M. d'Herbois. Nous paierons ce qu'on voudra.

— Il ne s'agit pas que des intérêts... C'est le temps abominablement court qui vous sera accordé pour rembourser.

— Combien ? demanda le vicomte.

— Trente jours au plus, avec une délégation donnée d'avance sur vos appointements et une garantie...

— Une garantie! s'écria le marquis. Laquelle pouvons-nous donner? nous n'avons plus de propriétés.

— Vous allez vous marier, dit M. Roger. Mlle de Niorres n'ont pas de fortune, il est vrai, mais leur oncle les dotera assurément et vous pourriez engager...

— Ah! fi! dit M. de Renneville avec dégoût.

— Ce serait honteux, ajouta le marquis.

— Honteux, non! fit observer l'employé. Ce n'est pas le mot, car il n'y aurait aucune honte à acquitter cette dette, mais cependant je conçois que la chose vous répugne. Dans ce cas n'en parlons plus. Attendez seulement huit jours, mon ami reviendra à cette époque et dès lors, je pourrai...

— Attendre est impossible! dit le vicomte. Il nous faut cet argent ce soir.

— Alors, je regrette cette fois de ne pouvoir vous être utile.

— Quoi! monsieur Roger, vous nous abandonnez!

— J'en suis réellement désolé, monsieur le marquis, mais je ne puis faire plus. Je vous dis les conditions qui vous seront imposées. Si elles vous conviennent, vous pouvez avoir ce soir les deux cents louis, si elles ne vous conviennent pas, il faut renoncer à l'affaire.

— Enfin, quelles sont ces conditions?

— Vous aurez deux cents louis dans une heure, vous vous engagerez à en rendre trois cents dans trente jours, ou, si vous ne pouvez payer à cette époque, quatre cents le lendemain de votre mariage avec chacune des demoiselles de Niorres.

— Parler de cette union dans un tel acte ! fit le marquis avec indignation.

— Cet acte ne sortira pas des mains du prêteur et vous l'anéantirez après avoir payé ! se hâta de dire M. Roger. D'ailleurs, je serais désolé d'émettre une opinion qui vous fût désagréable, Messieurs. C'est mon désir de vous obliger qui m'entraîne...

— Nous en sommes convaincus, mon cher Roger, dit vivement le comte.

— Ah ! si vous pouviez attendre quelques jours...

— Malheureusement, nous ne le pouvons pas !

— Quelque dette d'honneur à payer ?

— C'est cela même.

— Alors, je comprends votre impatience. Mais que voulez-vous ! Il faut se résigner, nous n'obtiendrons rien de mieux que ce que je vous propose. Si nous manquons cela, je ne saurai où donner de la tête. Songez que vos créanciers sont déjà nombreux et...

— C'est pour les sauver ! dit le marquis à voix basse au vicomte.

Puis, élevant la voix :

— Faites-nous avoir cet argent ce soir, mon cher Roger, dit-il, nous acceptons les conditions.

— Très bien ! fit Roger. Je vais préparer le prêteur. Dans dix minutes, si vous le voulez bien, au numéro 10 de la rue de Beaujolais.

— Nous y serons ! répondit le vicomte.

Roger salua et s'esquiva lestement en se glissant au milieu de la foule des promeneurs qui encombraient le jardin.

— Il faut bien agir ainsi ! dit le marquis demeuré

seul avec le vicomte. Sans cet argent, pas de fuite possible, et la mort est suspendue sur leur tête. Ah ! monsieur de Niorres ! Par quelle étrange fatalité faut-il que vous vous obstiniez à nous éloigner de vous et à nous réduire à de telles extrémités.

Après avoir traversé la foule compacte au centre du jardin, M. Roger avait atteint les arcades communiquant avec la rue de Beaujolais.

Un personnage enveloppé dans les larges plis d'un manteau sombre, en dépit de la chaleur de la saison, et un chapeau à larges bords (dit *chapeau à l'indépendant*) enfoncé sur les yeux, se tenait à l'ombre d'un pilier. Roger en passant près de lui, fit un signe : cet homme le suivit. Tous deux gagnèrent la rue de Beaujolais et, arrivés en face de l'allée étroite servant d'entrée à la maison portant le numéro 18, ils s'engagèrent tous les deux dans cet espace privé de lumière.

— Il me faut deux cents louis, dit Roger à voix basse.

— Pour le vicomte et le marquis ? demanda l'inconnu.

— Oui.

— Ils consentent ?

— Il le faut bien.

Le mystérieux personnage poussa un soupir de satisfaction.

— Les deux cents louis seront sur la petite table, dit-il, et vingt-cinq autres dans la chambre noire.

Roger murmura un remerciement.

— Je monte et j'attendrai ! reprit l'inconnu.

— Dans un quart d'heure nous frapperons à la porte, répondit Roger. Et ensuite, quels ordres ?

— A minuit comme de coutume, à l'*Enfer*.

L'homme au manteau fit un geste impérieux et, laissant l'employé dans l'allée étroite et sombre, il gravit lestement les marches d'un escalier conduisant aux étages supérieurs.

Roger revint vers la rue. Il demeura quelques instants debout sur le seuil de la porte, puis il se mit à siffler d'une façon bizarrement cadencée.

Un sifflement semblable partit à quelque distance et provenant du côté de la rue Montpensier. Roger quitta le seuil de la maison sur lequel il se tenait et gagna rapidement l'angle formé par la réunion des deux rues.

Un homme vêtu en modeste artisan se dressa devant lui.

— Ah ! c'est toi, Fouquier, dit Roger en reconnaissant malgré son déguisement le cocher du carrabas, l'employé du lieutenant de police. Qu'as-tu à m'apprendre ?

— Gorain et Gervais doivent conduire ce soir M. Fouché, le professeur, chez le teinturier Bernard, répondit l'agent.

— Tu en es sûr ? demanda Roger en tressaillant.

— Parfaitement. J'ai entendu de mon siège toute la conversation. C'est l'avocat Danton qui, ne pouvant aller ce soir chez Bernard, a prié les deux bourgeois d'y mener M. Fouché.

— Sais-tu à quel propos cette demande ?

— Non, mais le professeur a l'air de prendre un intérêt tout particulier à cette affaire de la *jolie mignonne*.

M. Roger parut réfléchir mûrement.

— A quelle heure doivent-ils aller chez Bernard? demanda-t-il.

— Je l'ignore, mais ce que je sais, c'est que M. Fouché a donné rendez-vous aux deux bourgeois pour ce soir, huit heures et demie au Palais-Royal.

— Dans une heure alors... Très-bien ! Sais-tu où sont en ce moment Gorain et Gervais ?

— A deux pas d'ici, au *Café Mécanique*.

— Il est sept heures trois quarts, murmura Roger en interrogeant sa montre. Un quart d'heure pour terminer là-haut... Très-bien ! j'ai le temps.

— Avez-vous besoin de moi, ici ? demanda Fouquier.

— Peut-être.

— C'est que j'ai ordre d'être à huit heures et demie dans le voisinage de la rue du Chaume.

— Alors, va à ton poste, mais à minuit à l'*Enfer !*

Fouquier fit un signe affirmatif, tourna sur les talons et se dirigea vivement vers la rue de Valois.

M. Roger demeura un moment à la même place, réfléchissant profondément, puis il revint vers la maison de la rue de Beaujolais.

Comme il en atteignait le seuil, MM. de Renneville et d'Herbois, débouchant par la rue de Valois, se dirigèrent vers l'allée au-dessus de laquelle était peint en rouge le numéro indiqué.

— Etes-vous toujours disposés, Messieurs ? demanda Roger.

— Toujours ! répondit le marquis.

— Alors, montons au quatrième et nous terminerons séance tenante.

— Mon cher Roger, dit vivement le vicomte, vous nous aurez rendu un service dont nous vous serons éternellement reconnaissants.

— Trop heureux de vous être bon à quelque chose, Messieurs, répondit l'employé de M. Breteuil. Mais venez vite. Le bonhomme est disposé en ce moment. Je monte devant pour vous montrer le chemin.

Et M. Roger s'engagea dans l'escalier noir qu'avait gravi quelques instants auparavant le personnage au manteau et au chapeau rabattu. Les deux jeunes gens le suivirent.

Arrivés au palier du quatrième étage, tous trois s'arrêtèrent : une petite porte peinte en brun se trouvait en face d'eux.

M. Roger frappa discrètement.

— Entrez ! dit une voix cassée, partie de l'intérieur du logement.

L'employé tourna la clef dans la serrure et la porte s'ouvrit.

LE CAFÉ-MÉCANIQUE

L'usage du café, si répandu de nos jours jusqu'au fond des plus humbles campagnes, ne date cependant, en France, que de la fin du xvii° siècle. Il y a deux cents ans, le café était à peu près inconnu à Paris.

En 1615, le voyageur Pietro della Valle écrivait de Constantinople à un Romain, son ami, qu'il comptait à son retour importer en Occident l'usage d'une boisson qu'il nommait *cahoud*. Tint-il parole? on l'ignore. Ce que l'on sait seulement, c'est qu'en 1669, l'ambassadeur turc, Soliman-Agah, envoyé près de Louis XIV, et visité un soir par plusieurs dames distinguées de la cour, leur fit servir du *café* suivant l'habitude de son pays.

« Si pour plaire aux dames, dit un écrivain contemporain de l'ambassadeur, un Français leur eût proposé cette liqueur noire, amère, désagréable à l'œil et au goût, il se fût certes rendu à jamais ridicule, mais comme ce vilain breuvage était servi par un Turc, c'en est assez pour lui donner un prix infini. D'ailleurs, les yeux étaient séduits par l'appareil d'élégance et de propreté qui l'accompagnait, par ces tasses de porcelaine dorée dans lesquelles il était versé, par ces serviettes ornées de franges d'or que des esclaves noirs présentaient aux dames. Joignez à cela des meubles, des habillements et des usages étranges, la singularité de parler au maître du logis par interprète, celle d'être assise par terre sur des coussins, et vous conviendrez qu'il y avait là plus qu'il ne fallait pour tourner la tête à des Françaises. Sorties de chez l'ambassadeur avec un enthousiasme qu'il est aisé d'imaginer, elles s'empressèrent de courir chez toutes leurs connaissances pour parler de ce café qu'elles avaient pris chez lui, et Dieu sait comme l'un et l'autre étaient ridiculement exaltés. »

« Le café, affaire de mode et d'engouement qui ne saurait demeurer dans nos habitudes, ajoute plus loin le même écrivain. »

Cependant, comme le café était alors fort cher (une livre se vendant quarante écus, c'est-à-dire plus de *trois cents francs* de notre monnaie actuelle) et qu'il était extrêmement difficile de s'en procurer, l'usage en fut immédiatement adopté par les gens de la meilleure compagnie.

En 1672 (il y a aujourd'hui cent quatre-vingt-huit ans seulement) un Arménien, nommé Pascal, ouvrit à la *foire Saint-Germain* et ensuite sur le *quai de l'Ecole*, sur le modèle de ceux qu'il avait vus à Constantinople et dans le Levant, le premier *café public* établi en France.

La foule, attirée par la curiosité, accourut aussitôt. D'autres Levantins, alléchés par l'exemple, établirent bientôt d'autres cafés. Quelques-uns même se mirent cafetiers ambulants.

« Ceints d'une serviette blanche, dit Legrand d'Aussy dans sa *Vie privée des Français*, ils portaient devant eux un éventaire de fer-blanc qui contenait les ustensiles nécessaires pour faire le café. Dans la main droite ils tenaient un petit réchaud avec une cafetière ; dans la gauche une fontaine pleine d'eau pour remplir la cafetière quand il serait nécessaire. Ils allaient avec cet appareil de rue en rue, annonçant leur café à grands cris. Tout d'abord, et quoiqu'ils ne le vendissent que deux sous la tasse, ils n'eurent aucun succès. Les cafetiers qui tenaient boutique ne réussirent pas mieux, parce qu'on ne trouvait dans leur établissement ni propreté, ni commodité. Cependant l'usage prévalut peu à peu, et lorsque l'Italien *Procope* eut orné avec goût son café établi d'abord rue de *Tournon* et ensuite rue des *Fossés Saint-Germain-des-Prés* (aujourd'hui rue de *l'Ancienne-Comédie*), il obtint un succès rapide et tenace. Les imitateurs surgirent alors en si grand nombre, qu'en 1676 il fallut réunir en corporation les cafetiers-limonadiers. »

Dans l'origine on tira exclusivement le café d'Arabie ; et, en 1693, un arrêt du Conseil n'en permettait l'entrée en France que par le port de Marseille. Mais, en 1709, des armateurs de Saint-Malo équipèrent deux vaisseaux qui allèrent directement chercher le café à Moka, et ce fut seulement vers 1730 que la culture du café commença à s'établir dans nos colonies.

L'établissement des cafés publics eut naturellement une grande influence sur les mœurs. Au XVIIe siècle, les grands seigneurs allaient au cabaret et ne rougissaient pas de s'y enivrer. Louis XIV n'avait pu détruire ce déplorable usage. Les cafés eurent longtemps un caractère plus décent, et reléguèrent l'ivresse aux classes inférieures. Le café Procope entre autres servit de rendez-vous aux *beaux esprits*, et les établissements du même genre se multiplièrent tellement que sous Louis XVI on en comptait six cents à Paris. Aujourd'hui nous n'oserions entreprendre d'en faire le compte.

Au siècle dernier, c'était dans les cafés que s'échangeaient les nouvelles, que se nouaient les relations, que s'ébauchaient les affaires. Aller au café était un acte de bonne compagnie pour la noblesse, un luxe enviable pour la bourgeoisie, une impossibilité pour le peuple. A peine construit, le nouveau Palais-Royal se vit envahi par ces cafés publics, et parmi eux le *Café-Mécanique*, dont nous avons déjà parlé, se distingua par sa célébrité. Chacun y accourait avec empressement.

Aussi, le soir où nous conduisons le lecteur dans les jardins du Palais-Royal, le *Café-Mécanique* regorgeait-il de clients assis en face de ses tables ingénieusement machinées.

Dans un coin, près d'une fenêtre donnant sur la rue de Montpensier, MM. Gorain et Gervais étaient installés, dégustant la boisson à la mode. Il y avait longtemps déjà que les deux bons bourgeois occupaient leur place, à l'heure où nous les trouvons causant ensemble, c'est-à-dire quelques instants après le moment où M. Roger s'entretenait dans l'allée de la maison de la rue de Beaujolais avec le personnage au manteau sombre.

— Croyez-vous que M. Fouché nous trouve au milieu de tout ce monde? disait M. Gervais avec une certaine inquiétude.

— Certainement, répondit M. Gorain, je suis très connu ici; c'est la troisième fois que j'y viens depuis un mois. D'ailleurs, M. Fouché nous a donné rendez-vous à huit heures et demie, et il est à peine sept heures trois quarts.

— Ce pauvre Bernard, si M. Fouché pouvait quelque chose pour lui, il a l'air fort intelligent, cet homme-là!

— C'est vrai, compère; et je serais bien heureux qu'il rendît service au teinturier. Aussi ai-je accepté avec empressement la proposition de conduire M. Fouché chez Bernard. D'ailleurs, il m'était recommandé par M. Danton, mon locataire.

— C'est égal, il se passe de bien singulières choses à Paris, dit M. Gervais en manière de réflexion; et quand je pense à ce que nous a laissé entendre ce M. Roger que nous avons rencontré à Versailles, les cheveux m'en dressent sur la tête.

— Touchant les empoisonnements de l'hôtel de Niorres? dit Gorain en baissant la voix.

— Oui... ces deux jeunes gentilshommes...

— Moi je les crois coupables, fit M. Gorain en secouant la tête.

— C'est aussi l'opinion de mon épouse, ajouta Gervais, et celle de dame Louison notre voisine, et de sa nièce Gertrude, et de son cousin Polycarpe devant lesquels je racontais en soupant toute cette horrible histoire.

— Mme Gorain les soutenait pourtant, ces deux vauriens-là?

— Pas possible!

— Mais moi je les crois coupables, je le répète; et mon avis a été partagé par mon beau-frère Alexandre, ses trois fils et ses quatre filles avec leurs maris, ma maison était pleine ce soir, et chacun m'écoutait bouche béante. Il est vrai que je narre assez bien... Ceux que je plains, par exemple, ce sont les créanciers de ces deux gentilshommes, ils perdront tout, les malheureux!

— Aussi, ajouta Gervais, ai-je dit à mon épouse de prévenir tous nos amis afin qu'ils fassent attention si parfois ils avaient des créances sur ces deux messieurs.

— Vous avez sagement fait, compère; mon beau-frère a eu la même idée, et il est allé faire une tournée dès ce soir à cette intention.

— Oh! oh! Messieurs, vous avez peut-être été un peu vite en besogne! dit une voix enjouée en se mêlant tout à coup à la conversation.

MM. Gorain et Gervais levèrent brusquement la tête; un consommateur venait de s'asseoir à leur table.

— Monsieur Roger! s'écria M. Gorain.

— Lui-même, Messieurs, répondit l'employé avec un sourire aimable. Je vous ai aperçus en entrant dans le café et j'ai pris la licence de venir m'installer près de vous...

— Trop honorés... balbutia M. Gervais.

— Vous parliez, il me semble, de l'affaire de MM. de Renneville et d'Herbois, continua M. Roger. J'ai entendu vos dernières paroles, et je comprends que vous avez agi dans la meilleure intention ; mais cela fait mal de voir toutes les opinions accabler ces deux pauvres jeunes gens que j'aime, au fond, je l'avoue, auxquels j'ai bien souvent rendu service... Tenez ! cela me bouleverse... Tel que vous me voyez, je suis terrifié en ce moment.

— Pourquoi donc ? demanda curieusement M. Gorain.

— Parce que je viens d'apprendre encore une nouvelle désastreuse pour MM. de Renneville et d'Herbois ; je suis sous le coup...

— Quelle nouvelle ? fit Gervais en se penchant en avant.

— Figurez-vous, dit confidentiellement l'employé, que ces deux insensés, car je ne puis les qualifier autrement, ont, pour emprunter une somme dont ils avaient un besoin absolu, engagé les biens qui devaient être leurs propriétés après leurs mariages avec Mlles de Niorres. Or, comme celles-ci n'ont rien, il est évident que ces biens engagés ne peuvent être que ceux provenant de l'héritage que va leur procurer une effroyable série de crimes !

— Quand je disais qu'il étaient coupables ! fit M. Gorain d'un air triomphant.

— Il est certain que ce fait que je viens d'apprendre ajouta M. Roger, peut devenir contre eux une preuve morale accablante ; aussi cette malheureuse nouvelle m'a-t-elle foudroyé ! Je suis sûr que je n'en dormirai pas de la nuit ! Pour moi, je vous dirai que je les crois encore plus malheureux que coupables...

— Enfin, ils sont l'un et l'autre, dit M. Gervais.

M. Roger ne répondit pas, mais il poussa un profond soupir.

— Tenez ! reprit-il, ne parlons plus de cette affaire-là ! Mon cœur saigne. Je suis enchanté de vous avoir rencontrés tous deux ce soir : ce sera une aimable distraction pour moi...

— Au fait ! dit M. Gorain, je croyais que vous deviez rester à Versailles?

— Monseigneur m'a envoyé à Paris.

— Pour une affaire grave, sans doute ? fit M. Gervais en clignant de l'œil.

— Oh ! dit M. Roger avec une insouciance affectée, une affaire que vous connaissez presque aussi bien que moi. Il s'agit du teinturier Bernard et de sa fille.

— Bernard ! dit M. Gorain ; nous allons tout à l'heure chez lui avec M. Fouché, vous savez, celui qui a dîné avec nous? un ami de M. Danton, mon locataire.

— Ah ! oui... je me rappelle...

— Est-ce que vous avez des nouvelles de la *jolie mignonne?* demanda M. Gervais.

— Oui et non, répondit l'employé du ministère de la maison du roi. Ah ! cette affaire me préoccupe vivement !

— Cela se conçoit, dit M. Gorain.

— Vous comprenez, continua M. Roger après un moment de silence, tandis que ses deux auditeurs, dont la curiosité paraissait vivement excitée, s'accoudaient sur la table pour être à même de mieux entendre, vous comprenez que Monseigneur qui porte un si vif intérêt à tout ce qui touche les sujets de Sa Majesté, a été très affecté par cette lamentable histoire. De sorte que Monseigneur m'a fait appeler ce soir après vous avoir quittés, et m'a demandé les renseignements les plus circonstanciés à l'égard de l'enlèvement de la *jolie mignonne*.

— Mais, fit observer M. Gorain, je pensais que Monseigneur le ministre avait à ses ordres le lieutenant de police, et que, par conséquent...

— Sans doute, interrompit l'employé ; seulement, il ne s'agit pas ici d'une calamité publique, il s'agit d'intérêts privés, et la police n'a pas la main assez délicate pour toucher, sans blesser, à ces sortes d'événements. C'est pourquoi Monseigneur avait voulu, qu'en dehors de ce que peut faire M. Lenoir, je m'occupasse de ce qui se passait chez le pauvre teinturier.

— Ah ! très-bien ! fit M. Gorain en ayant l'air de comprendre.

— Donc, j'avais dû obéir, et je me suis immiscé jusqu'ici le plus complètement possible dans l'aventure.

— Et ? dit M. Gervais en voyant Roger faire une pause.

— Et, ma foi ! la chose m'a paru fort grave. Je crains que Bernard n'ait suivi jusqu'ici une mauvaise voie en faisant tant de bruit.

— Cependant, ce malheureux père avait bien le droit...

— Eh ! interrompit M. Roger, a-t-il réussi ?

— Non !

— Eh bien, alors ?

— Monsieur a parfaitement raison, fit observer M. Gervais.

— D'ailleurs, continua M. Roger en baissant la voix, tous les cris seraient désormais inutiles, car...

— L'enfant est mort ? interrompit M. Gorain.

— Je ne dis pas cela, mais je crois... je suis certain même, que la *jolie mignonne* ne doit jamais revoir ses parents.

— Elle a donc bien décidément été enlevée ?

— Oui !

— Et par qui, mon Dieu ?

— Chut ! dit vivement l'employé. Il s'agit d'un secret d'Etat ; chercher à l'approfondir serait risquer la Bastille.

— La Bastille ! fit M. Gorain en frissonnant.

— La Bastille ! répéta M. Gervais sur le même ton.

— Qu'il vous suffise de savoir, que cette affaire, poussée trop loin, pourrait occasionner la guerre avec la Prusse.

— La guerre avec la Prusse ! s'écria M. Gorain en ouvrant des yeux énormes. Quoi ! l'enlèvement de la *jolie mignonne*...

— Secret d'Etat, vous dis-je.

— Mon Dieu ! que la politique est une chose extraordinaire, dit Gervais en levant les bras au ciel.

— Moi, je n'y comprends rien ! dit naïvement le propriétaire.

— C'est pourtant bien simple, répondit l'employé. La *jolie mignonne* a été enlevée par une espèce de Bohémienne.

— Je m'en doutais ! interrompit M. Gervais.

— Cette Bohémienne a agi pour le compte d'un seigneur étranger, lequel avait besoin d'un enfant du même sexe que la fille du teinturier. Vous comprenez ?

— Parfaitement.

— Or, ce grand seigneur est sujet de Sa Majesté le roi de Prusse.

— Du grand Frédéric ?

— Oui, lequel n'a pas pour habitude de badiner quand il est question de ses droits. Or, la petite fille et le grand seigneur sont à cette heure dans les environs de Berlin, et la Bohémienne a quitté le royaume avant que l'on pût la prendre.

— C'est fort intéressant tout cela, savez-vous, dit M. Gervais en secouant la tête avec un mouvement admiratif.

— Poursuivre le grand seigneur sur le territoire prussien est donc positivement impossible, continua M. Roger. Le roi, qui l'affectionne vivement, ne le souffrirait pas, et d'autre part, il serait en sûreté en Russie et en Pologne avant qu'on pût l'atteindre.

— Mais la *jolie mignonne* ?

— Oh ! elle est parfaitement heureuse...

— Quelle bonne nouvelle je vais rapporter là à Bernard ! s'écria M. Gorain. Et quand, tout à l'heure, M. Fouché, l'ami de M. Danton, mon locataire, apprendra tout cela, c'est lui qui sera étonné.

— Chut ! fit M. Roger.

— Comment ? demanda M. Gorain avec étonnement.

— Il ne faut rien dire !

— Bah !

L'employé fit un geste décelant la contrariété la plus vive.

— Tenez ! Messieurs, dit-il en faisant mine de se lever, je suis on ne peut plus désolé de ce qui vient de se passer !...

— Quoi donc ? demanda M. Gervais.

— Je m'en veux beaucoup, croyez-le ! C'est bien mal reconnaître la gracieuse amabilité que vous m'avez témoignée...

— Comment cela ? dit M. Gorain avec une vague inquiétude.

— J'ai eu tort, grand tort ! Serez-vous assez généreux pour me pardonner jamais ?

— Mais, quoi donc ?

— Moi, à votre place, je n'aurais peut-être pas cette bonté.

— Quelle bonté ? dit M. Gorain. Par la grâce de Dieu ! parlez donc, cher Monsieur ! Qu'est-ce que vous avez fait ?

— Une vilaine action, je le répète, répondit M. Roger dont les réticences inexplicables mettaient depuis un moment les deux auditeurs à la torture.

— Une vilaine action ! répéta M. Gervais en pâlissant. Qu'est-ce que c'est ?

— En me laissant aller à vous confier la vérité à propos de cette affaire, dit l'employé, je viens tout simplement d'ouvrir à deux battants devant vous les portes de la Bastille !

— Les portes de la Bastille ! murmurèrent les deux

bourgeois en regardant M. Roger avec des yeux effarés.

— Eh oui ! les portes de la Bastille, qui se renfermeraient à jamais sur vous !

— Mais, fit observer M. Gervais, qui, de pâle qu'il était, devenait vert, mais nous n'avons rien fait.

— Mais vous ferez quelque chose !

— Mon Dieu ! mon Dieu ! qu'est-ce que nous ferons donc ?

— Comprenez-moi bien. Ce que je viens de vous dire n'était connu jusqu'ici que du roi, du comte de Breteuil et de votre serviteur. Or, Sa Majesté a ordonné le plus profond mystère. Monseigneur ne dira donc rien, moi non plus... Si la chose se divulguait aujourd'hui, on ne pourrait s'en prendre qu'à vous. A mon retour auprès de Monseigneur, je vais être obligé de lui rendre compte de mon imprudence... vos noms seront pris, vous serez probablement surveillés, et à la moindre indiscrétion...

— Mais nous ne dirons rien, n'est ce pas, Gervais ? fit M. Gorain en tremblant de peur.

— Bouche close ! ajouta l'autre bourgeois en frémissant.

— Alors de cette façon vous pourrez éviter le danger suspendu sur vos têtes.

— Nous n'en parlerons même pas à nos femmes !...

— Surtout à vos femmes ! insista M. Roger.

— Moi, dit M. Gervais, on me couperait plutôt en quatre que de me faire dire un mot.

— Moi de même, ajouta M. Gorain.

— N'importe ! dit l'employé. Vous serez discrets,

j'en suis sûr, mais je ne suis pas moins désolé de vous avoir mis dans cette triste situation...

— Le fait est que j'aurais préféré ne rien savoir, fit M. Gorain en joignant les mains.

— C'est votre mine à tous deux qui m'a inspiré confiance... et puis votre nom, monsieur Gorain, si honorablement répandu dans la bourgeoisie que le prévôt des marchands s'occupe de vous... Ah! c'est bien fâcheux. Je suis réellement désolé, je le répète, et je voudrais être à même de réparer... Une idée! fit tout à coup M. Roger en s'interrompant. Pour me prouver que vous ne me gardez pas rancune, laissez-moi vous être agréable.

— Comment cela? demanda le bourgeois avec un empressement qui n'était pas cependant exempt de défiance.

— C'est la Saint-Roch le mois prochain...

— Le 16 août! interrompit M. Gorain dont le cœur se prit à palpiter.

— Permettez-moi de vous faire nommer échevin.

— Moi! s'écria le bourgeois avec une émotion qu'il ne chercha pas à dissimuler.

— De cette façon, continua l'employé, vous serez agréable à M. le prévôt qui désire votre nomination, ainsi que je vous l'ai dit ; vous me procurerez l'honneur de vous servir, et j'aurai, moi, la satisfaction d'avoir investi d'une charge importante (1) l'un des

(1) A Paris, il y avait quatre *échevins*, deux choisis parmi les *notables marchands* et deux parmi les *gradués* (maîtres ès-arts). La charge des *échevins* durait deux ans, et comme on en élisait deux chaque année le jour de Saint-Roch, il y en avait toujours

hommes les plus estimables de la capitale du royaume.

— Mon Dieu !... cher Monsieur... balbutia M. Gorain, qui oubliait la Bastille pour ne plus songer qu'à l'honneur qui lui était offert, je... croyez bien... en vérité.

M. Gervais faisait la grimace. Il ne voyait rien luire comme compensation du danger qu'il courait.

M. Roger s'aperçut de cette expression de dépit, peut-être même s'y attendait-il et voulait-il la provoquer, car il se tourna gracieusement vers le second bourgeois.

— La seconde charge d'échevin n'est plus disponible, dit-il de l'air le plus aimable. Monseigneur en a disposé d'avance ; mais, cher M. Gervais, s'il me faut attendre jusqu'à l'année prochaine pour vous obliger, croyez que j'ai une mémoire excellente. En attendant, vous êtes dans le commerce ?

— Bonnetier en gros, repartit M. Gervais.

— Si le titre de fournisseur du ministère de la maison du roi pouvait vous être utile ?...

— Fournisseur du ministère de la maison du roi ! s'écria le bonnetier. Je pourrais faire écrire cela sur ma boutique ?

— Dès que je vous en aurai fait expédier le brevet... que vous aurez avant quinze jours.

— Ah ! cher Monsieur, vous me comblez !

deux anciens et deux nouveaux. A Paris, les quatre échevins avaient juridiction sur la Seine et les rivières qui s'y jettent, sur toutes les marchandises apportées par eau ; ils connaissaient des procès relatifs aux rentes sur l'hôtel de ville, fixaient le prix de diverses marchandises, etc. Les appels de leurs jugements étaient portés devant le parlement.

— C'est le ciel qui vous a amené vers nous ! ajouta le futur échevin.

— Ah ! ah ! fit M. Roger en riant, vous oubliez la Bastille !

— Bah ! dit M. Gorain, puisque nous ne parlerons pas, nous ne risquons rien.

— Pourrais-je mettre un écusson au-dessus de ma porte, avec les armoiries de Monseigneur ? demanda M. Gervais.

— Mais je n'y vois nul inconvénient.

— Mes voisins en mourront de jalousie !

— Ma femme sera folle de joie ! ajouta M. Gorain.

— Donc, c'est bien convenu, reprit M. Roger ; vous serez échevin dans six semaines, monsieur Gorain ; vous dans un an, monsieur Gervais, et avant quinze jours vous aurez votre brevet de fournisseur... par conséquent vous m'avez pardonné ?

— C'est-à-dire que nous vous remercions de tout notre cœur ! dit le bonnetier.

— Vous viendrez souper chez moi cette semaine ? ajouta M. Gervais.

— Bien volontiers, un jour que mes occupations me le permettront. Seulement, rappelez-vous qu'à la moindre indiscrétion... La Bastille !...

— Brrr ! fit M. Gervais, soyez tranquille !

— Dormez sur vos deux oreilles, ajouta M. Gorain.

— Et quand vous verrez Bernard...

— Ah oui ! interrompit M. Gorain ; que faudra-t-il lui dire ?

— Vous l'engagerez vivement, bien vivement, à oublier cette malheureuse affaire ; vous lui direz de ne faire aucune démarche ; que le ministre se charge de tout ; que Leurs Majestés s'intéressent à lui, et que, pour le distraire de sa douleur et lui donner une sorte de consolation à ses peines, il sera nommé échevin à la Saint-Roch.

— Lui aussi ? fit M. Gorain avec étonnement.

— Oui ; la seconde charge lui est réservée ; c'est pourquoi M. Gervais ne passera que l'année prochaine.

— Très-bien ! je comprends.

— Croyez-vous que ça lui fasse plaisir ?

— Peste ! il serait bien difficile s'il en était autrement.

— Et, ajouta M. Roger en se penchant encore davantage vers les deux bourgeois, maintenant que vous êtes au courant d'un secret d'État, il ne tient plus qu'à vous d'être agréables à Sa Majesté, et qui sait ce qui pourrait résulter d'un service ? De l'échevinage à la prévôté... il n'y a plus bien loin !

— Un service ! Quel service ? s'écria M. Gervais. Je suis prêt à me faire déchiqueter pour Sa Majesté.

— Moi aussi ! dit non moins vivement M. Gorain.

— Eh bien ! vous connaissez intimement les époux Bernard, vous êtes au courant de tout ce qui se passe chez eux, vous voyez tous les gens qui s'intéressent activement à l'affaire en question...

— Après ? demanda le propriétaire de l'avocat Danton.

— Continuez à vous mêler de tout cela, et quand j'aurai le plaisir d'aller vous voir, vous me raconterez tout ce que vous saurez... Vous comprenez ? ajouta vivement l'employé. Une démarche inconséquente pourrait faire surgir les plus graves difficultés entre le roi de France et le roi de Prusse... Il faut que nous soyons au courant de tout... en plaçant en vous deux la confiance de Monseigneur, j'espère lui prouver un jour que j'ai sagement agi. Puis, en le servant bien, vous éloignerez toute pensée d'indiscrétion de votre part, et si jamais la chose s'ébruitait, votre conduite deviendrait une barrière entre vous et la Bastille...

— C'est juste! dit le bonnetier.

— Je comprends très-bien, ajouta le futur échevin.

— Donc, quand M. Fouché va venir vous prendre pour aller chez Bernard...

— Ah! mon Dieu! s'écria M. Gorain, vous m'y faites penser! J'avais totalement oublié... Qu'est-ce qu'il faudra que nous fassions?

— Vous conduirez M. Fouché chez Bernard, et quand vous serez seuls avec le teinturier, vous l'engagerez à cesser toute poursuite, voilà tout... D'ailleurs nous nous reverrons ; mais je vous quitte. Voici huit heures et demie qui sonnent, j'ai un rendez-vous dans ce quartier... Au revoir, mon cher échevin ! au revoir, monsieur le fournisseur breveté !

— Echevin ! fit M. Gorain en se redressant.

— Fournisseur de Monseigneur ! dit le bonnetier en se caressant le menton.

M. Roger s'était levé et avait serré les mains que les deux bourgeois tendaient vers lui. Il fit un dernier geste, et, traversant le café, il gagna la porte donnant sous les arcades de la galerie, laissant MM. Gorain et Gervais partagés entre deux sentiments bien contraires:

celui de la vanité chatouillée et celui de la crainte des cachots de la Bastille.

En franchissant le seuil du *Café-Mécanique*, l'employé du ministère se croisa avec Fouché, lequel entrait dans l'établissement à la mode.

VI

LA RUE DU CHAUME

En 1785, en face de ce magnifique *hôtel de Soubise*, devenu depuis l'*hôtel des Archives*, et occupant le centre du côté droit de la rue du Chaume, se dressait une demeure somptueuse, mais dont l'aspect général offrait à l'œil quelque chose de sévère et de triste. Deux pavillons, deux ailes, donnant sur la rue de chaque côté de la massive porte d'entrée, se reliaient à l'extrémité d'une vaste cour, au corps de logis principal, fort beau bâtiment construit en pierres et en briques dans le style des édifices entourant la place Royale et rappelant le règne de Louis XIII. Le temps avait rendu brunes les briques et noires les pierres. Deux étages de fenêtres énormes, et décelant la hauteur majestueuse des pièces intérieures, couraient autour de ces deux ailes et de ce grand bâtiment. Un toit aigu, en ardoises, recouvrait le tout et ne contribuait pas peu à donner une apparence lugubre à cette habitation évidemment seigneuriale.

Il était neuf heures : la nuit (on était en juillet), la nuit avait à peine jeté ses voiles sur la capitale du royaume, mais le peu de largeur de la rue du Chaume refusant passage aux dernières lueurs de la lumière expirante, cette partie du quartier du Marais était déjà plongée dans une obscurité profonde.

L'hôtel situé en face de celui de *Soubise* paraissait, à en juger extérieurement, muet et désert. Aucun rayon lumineux ne s'échappait des fenêtres dont les contrevents étaient hermétiquement fermés en dépit de l'heure peu avancée et de la chaleur étouffante que la brise du soir commençait à peine à combattre.

La grande porte était close et aucun valet ne projetait son ombre dans la cour silencieuse. On eût dit que cette maison si grandiose était veuve de tous ses habitants, et le contraste qu'elle présentait avec l'hôtel de *Soubise*, brillamment animé, faisait encore paraître plus morne, le silence dans lequel elle était plongée et, plus épaisse, l'obscurité qui régnait dans sa cour.

La rue du Chaume elle-même était noire et solitaire : l'entrée principale de l'hôtel de Soubise, donnant sur la rue du Paradis, ne lui communiquait que vaguement l'animation que nous venons de signaler. A peine, de temps à autre, quelques piétons faisaient-ils résonner sous leurs pas le pavé luisant de la rue. Cependant, si quelqu'un de ces rares promeneurs se fût avisé de revenir sur sa route après avoir franchi les deux premiers tiers de la voie étroite, il eût remarqué tout à coup la présence de deux personnages devant lesquels il avait certainement dû passer, mais qu'il n'avait pu voir à cause du soin avec lequel ils dissimulaient leur individu et qui, la rue redevenue libre, reprennaient possession de la chaussée après avoir quitté la partie de la muraille dont l'ombre protectrice les avait cachés momentanément à tous les regards.

L'un de ces deux personnages était vêtu de noir des pieds à la tête; mais ses vêtements, évidemment de deuil, présentaient cette coupe particulière qui fait reconnaître l'habit de livrée sans qu'il soit besoin de sa nuance ordinairement éclatante. L'autre paraissait être un pauvre ouvrier, tant son costume était délabré et son aspect misérable. Tous deux causaient à voix basse, se tenant en face l'un de l'autre, mais la tête légèrement penchée, l'une à droite, l'autre à gauche, ce qui leur permettait à chacun d'explorer chacune des deux extrémités de la rue.

Au moment où nous arrivons près d'eux, cette conversation, commencée probablement depuis quelques instants déjà, semblait toucher à son terme, car l'un et l'autre paraissaient sur le point de se faire leurs adieux.

— Donc, disait l'ouvrier à voix basse, c'est bien compris?

— Parfaitement! répondit l'homme vêtu de noir.

— Vous ne partirez pas cette nuit?

— Je trouverai un prétexte.

— Qu'il soit surtout ingénieux et naturel, car s'il faut retarder le départ jusqu'à après-demain, il ne faut pas qu'on puisse avoir le plus léger soupçon!

— Rapportez-vous-en à moi, je me charge de tout!

— Quant à ce qu'il y aura à faire demain soir, reprit

l'ouvrier après un moment de silence, vous n'avez oublié aucun détail ?

— Aucun...

— Demain, souvenez-vous que nous ne devons plus être l'esprit qui commande !...

— Non ! interrompit l'homme en deuil, mais seulement le bras qui agit.

— Cela est bien essentiel pour l'avenir en cas de danger.

— Aussi est-ce compris.

— Donc... à demain, même heure...

— A demain : mais si j'avais à vous parler cette nuit ?

— Vous me trouveriez, après minuit, à l'*Enfer* !

Les deux causeurs se séparèrent après avoir échangé un dernier signe mystérieux : l'ouvrier se mit à marcher dans la direction de la rue du Grand-Chantier et son interlocuteur gagna lestement l'entrée de l'hôtel de sombre apparence. Poussant une petite porte bâtarde, percée dans la muraille auprès de la grande et qui était entr'ouverte, il entra dans la cour au moment où le second personnage tournait l'angle de la rue du Chaume.

La rue demeura déserte : la conversation que nous venons de rapporter avait été échangée un peu au-dessus de la seconde aile du noir bâtiment, au pied d'une haute muraille, laquelle devait enclore le jardin de l'hôtel, car on voyait au-dessus d'elle se balancer les cimes de grands arbres dont les rameaux touffus se projetaient jusque sur la rue.

A peine les deux causeurs eurent-ils complètement

disparu, qu'un faisceau d'énormes branches sous lequel ils s'étaient tenus, comme dans l'endroit où l'ombre s'offrait la plus protectrice, s'agita faiblement bien qu'aucun souffle n'animât l'atmosphère. Cette animation étrange devint progressivement plus vive précisément au-dessus de la crête du mur ; le feuillage s'écarta légèrement, deux prunelles brillèrent soudainement dans l'ombre, et une grosse tête surgissant entre les rameaux verts, expliqua ce phénomène par sa présence inattendue.

La tête se pencha discrètement en avant, examina avec un soin extrême la rue à droite et à gauche, puis comme celle-ci était absolument déserte et qu'aucun bruit lointain ne décelait la présence d'un passant, l'une des branches se courba davantage et un homme apparut tout à coup à califourchon sur le chaperon de la muraille. Sans hésiter, cet homme ramena d'un mouvement rapide ses deux jambes du côté de la rue et, se suspendant à la force des poignets, descendit de sa position dangereuse avec une véritable agilité d'écureuil. En deux secondes, il fut, de la branche, sur le pavé de la rue du Chaume.

— Caramba ! fit-il en lançant autour de lui un nouveau coup d'œil investigateur. J'ai la boussole affalée dans la vase jusqu'au-dessus de la flottaison ! Quel gâchis !... demain... après-demain... il faut... il faut pas... vous savez !... l'esprit... le bras... et tout le tremblement ! Je veux redevenir mousse si j'y comprends quelque chose ! Et dans tout ça, pas un mot de mes lieutenants, toujours ! C'est ce qui me donne une embollie !... Mais j'ai la cervelle chavirée, quoi ! Qu'est-ce qu'ils voulaient dire, ces deux caïmans-là?... Rien de propre à coup sûr, mais n'empêche ! j'aurais été flatté de savoir...

Et l'écouteur indiscret des deux causeurs qui venaient de disparaître, fit quelques pas en avant dans la direction de la rue du Grand-Chantier par laquelle s'était élancé l'homme vêtu en ouvrier, mais s'arrêtant tout à coup et se frappant rudement le front du plat de sa main droite :

— Minute ! reprit-il. Oriente un peu ! Mettre le cap sur l'olibrius qui vient de filer son nœud et chercher à lui donner la chasse dans ce gueusard de Paris, c'est comme qui dirait chercher un bout de grelin dans la soute aux cordages. Je courrai des bordées de-ci et de-là sans retrouver la route... Oriente, que je dis, oriente! C'est sur l'autre qu'il faut peut-être mieux jeter le grappin ! Allons, gabier ! un quart de nuit, pour être le premier à crier : voile !

Et explorant encore la rue vers ses deux extrémités, le matelot se rapprocha de la muraille, enfonça ses doigts nerveux dans les interstices des pierres dégradées par le temps et avec une facilité aussi grande que celle avec laquelle il était descendu l'instant auparavant, il regagna la crête du mur. Saisissant une branche noueuse, il s'élança sur le tronc d'un vieux chêne et se laissa glisser ensuite sur le sable du jardin.

Il était alors à peu de distance du corps-de-logis : s'avançant avec précaution, il atteignit les abords d'une vaste pelouse qu'éclairait en plein un rayon de lune. Suivant la ligne d'ombre que les massifs portaient énergiquement autour du terrain gazonné, il fit le tour de la pelouse et se trouva bientôt sur le seuil d'un petit pavillon de verdure construit précisément en face de l'édifice.

De ce poste, Mahurec embrassait bien l'ensemble de cette partie de l'hôtel donnant sur les jardins, mais il en était évidemment trop éloigné pour surprendre ce qui s'y passait à l'intérieur. Le lieu qu'il désirait atteindre était une petite allée bordée de caisses d'orangers, laquelle allée courait au pied même du rez-de-chaussée de la maison, mais pour y arriver, il fallait de toute nécessité traverser cette pelouse que l'astre des nuits inondait alors de sa lumière argentée. Néanmoins, après quelques instants d'hésitation, Mahurec allait tenter de franchir la distance qui le séparait de l'allée en question, lorsqu'un léger bruit lui fit brusquement dresser l'oreille. Le sable d'une avenue voisine craquait sous les pieds de promeneurs encore invisibles, dissimulés qu'ils étaient par une charmille épaisse. Mahurec se ramassa sur lui-même et se blottit dans l'angle le plus obscur du pavillon de verdure.

VII

LE CABINET DE M. DE NIORRES

Si la façade de l'hôtel, dont Mahurec avait si lestement franchi les murs, était silencieuse et sombre sur la cour, il n'en était pas tout à fait de même de la partie donnant sur les jardins. Deux lumières brillaient à deux endroits différents de ce côté de l'édifice. L'une d'abord éclairant une pièce du rez-de-chaussée des constructions donnant sur la pelouse, puis une autre étincelant à travers les vitres d'une fenêtre située au premier étage. Cette fenêtre était celle donnant jour et lumière dans le cabinet du magistrat. Deux croisées placées à l'étage supérieur et situées immédiatement au-dessus de celle éclairée, présentaient les traces d'un incendie récent qui avait dû dévorer les pièces intérieures. Ces croisées étaient effectivement celles de la chambre à coucher de Mme d'Orgerel, la malheureuse sœur de M. de Niorres, morte victime d'une odieuse machination.

Plus loin, au même étage, était l'appartement de la bru du conseiller, la veuve de son second fils, cette héroïque jeune femme qui avait refusé de fuir la maison de son beau-père, et qui avait juré de servir de mère à l'orphelin, son neveu.

Le cabinet de M. de Niorres était placé à l'extrême droite du corps-de-logis, en face, par conséquent, de l'endroit où s'élevait, dans le jardin, la salle de verdure servant d'asile au gabier. Cette pièce, consacrée au travail, avait l'aspect sévère qui convenait au genre d'occupations si graves auxquelles s'était toute sa vie livré le conseiller. De vastes corps de bibliothèques richement garnies de toute la collection des ouvrages de jurisprudence, tapissaient les murailles. Au centre, près de la fenêtre, se dressait le bureau de M. de Niorres, surchargé de papiers et de livres ouverts. Des sièges en bois sculpté, recouverts de fine tapisserie, étaient placés en désordre çà et là dans la pièce.

A l'heure où nous pénétrons chez le magistrat, c'est-à-dire quelques instants après que Mahurec fut rentré dans les jardins de l'hôtel et au moment où, caché sous le pavillon de verdure, il prêtait une oreille attentive au bruit de pas arrivant jusqu'à lui, M. de Niorres, assis devant son bureau, la tête penchée en avant, feuilletait un énorme in-folio, dont ses doigts fiévreusement agités froissaient convulsivement chaque page. Probablement il venait d'agiter un cordon de sonnette suspendu au-dessus du bureau, car un valet se présenta respectueusement dans le cabinet.

Ce valet ainsi que celui que nous avons vu dans la rue du Chaume causant mystérieusement avec l'ouvrier, et ainsi que les autres domestiques de l'hôtel, portait une livrée de grand deuil.

— Monsieur a sonné ? dit-il en entrant.

— Oui, répondit le conseiller, Mme de Versac est-elle au salon ?

— Non, Monsieur ; Mme de Versac est rentrée dans ses appartements.

— Et Mme la baronne ?

— Elle est en bas. Ma dame attend, je crois, Mesdemoiselles qui se promènent dans le jardin.

— Bien ! dès que Mme la baronne sera rentrée chez elle avec mes nièces, vous viendrez me prévenir...

Le valet s'inclina et sortit.

(Il faut, pour éviter toute confusion dans l'esprit du lecteur, que nous disions que Mme de Versac était la bru du conseiller. Son mari, Jules de Niorres, comte de Versac, troisième fils de M. de Niorres, était, de son vivant, plus particulièrement désigné par le nom de *Versac*, pour le distinguer de son frère, lequel, après l'entrée dans les ordres de son aîné, l'évêque, était devenu chef de la famille, et avait pris, par conséquent, le titre héréditaire. La baronne était la belle-sœur du conseiller, et, bien qu'elle s'appelât Mme Louis de Niorres, on avait coutume dans sa nombreuse famille de lui donner, en parlant à elle ou d'elle, toujours son titre et rarement son nom).

Après la sortie du domestique, le magistrat avait repris sa lecture interrompue ; mais bientôt, laissant son livre, il se leva et fit quelques tours dans la chambre avec une contraction des muscles du visage indiquant une préoccupation douloureuse et terrible.

— M. Lenoir avait raison ! dit-il enfin et comme répondant à voix haute à ses propres pensées. L'intérêt doit être le seul mobile qui dirige le bras du meurtrier. Mais quel est ce meurtrier ? Comment le découvrir ? MM. d'Herbois et de Renneville m'ont-ils dit vrai ? Cet enfant de cette créature infâme existerait-il encore ? S'il existe, est-ce bien lui qui promène ainsi la mort dans les rangs de ma famille ? Je ne puis le croire ! En agissant ainsi, cet homme montrerait lui-même trop grossièrement le but vers lequel il marche. Tous les miens et moi-même morts, lorsqu'il viendrait réclamer l'héritage, la justice lui demanderait compte de ses actes... C'est impossible ! Une telle audace ne se comprendrait que de la part de l'un de ces puissants de la terre contre lesquels les lois demeurent sans force !... Moi, mort ! cela ne se peut pas... Et cependant ce blanc-seing dont il a été fait un si criminel usage ! Cet acte par lequel j'annule d'avance tout ce que je pourrais faire faire pour en combattre l'effet, lui donnerait une situation formidable. Mais tout cela est-il bien vrai ?... Pourquoi avoir attendu si longtemps lorsqu'à l'aide de ce papier on pouvait facilement m'extorquer ma fortune entière ?... Un bandit vulgaire n'agit point ainsi...

Le conseiller, qui s'était arrêté près de son bureau, reprit sa marche saccadée à travers la chambre.

— Si cela n'est pas, dit-il encore, pourquoi MM. d'Herbois et de Renneville seraient-ils venus me faire cette confidence ?... Le lieutenant de police aurait-il donc absolument raison, et ces deux jeunes gens, cachant avec une habileté infernale leurs vues criminelles, n'auraient-ils eu d'autres motifs en se faisant aimer de mes nièces que l'exécution du plus infâme, du plus odieux de tous les complots? Quoi qu'il en soit, continua le magistrat après un moment de réflexion, je dois faire ce que j'ai résolu : mettre les membres de ma famille, les héritiers les plus directs de mes biens, à l'abri de nouvelles tentatives. Ce soir, Saint-Jean partira, et il faut que Mᵐᵉ de Versac s'éloigne également comme devront s'éloigner M. de Nohan, mon gendre, et sa femme. Je demeurerai seul ici, avec la baronne et ses filles. Dans tous les cas, celles-là ne doivent rien avoir à craindre...

On frappa à la porte du cabinet de M. Niorres.

— Entrez ! dit-il.

La porte s'ouvrit, et un homme de trente-cinq à quarante ans, d'une distinction parfaite, d'une physionomie grave et douce, vêtu de deuil, s'avança vers le conseiller, qui lui tendit les mains.

— C'est vous, monsieur de Nohan ! dit le magistrat, dont un pâle sourire éclaira le visage. Où donc est ma fille?

— Elle repose, répondit le gendre du conseiller, et j'ai profité de cet instant pour venir vous voir.

— Vous avez bien fait, Armand. J'ai besoin plus que jamais d'être entouré d'amis sincères et de cœurs dévoués...

M. de Nohan secoua la tête.

— Hélas ! dit-il, je comprends plus que tout autre la douloureuse situation dans laquelle se trouve placée votre maison ; mais cependant mon devoir exige que je vous abandonne dans la détresse.

— Ah ! fit M. de Niorres d'une voix calme ; vous êtes résolu à partir?

— Je viens vous demander ce que je dois faire, et j'agirai suivant vos conseils. D'une part vous connaissez toute la respectueuse amitié que je vous ai vouée ; vous savez que mon cœur déborde de reconnaissance lorsque mon esprit se rappelle les nombreux témoignages d'affection que vous m'avez donnés, vous êtes mon père, enfin ! Et s'il ne s'agissait que de vous seul, lors même que vous me défendriez de demeurer près de vous quand le danger menace, je trouverais dans mon profond attachement la force nécessaire pour vous désobéir. En ce moment je donnerais dix années de ma vie pour qu'il me fût permis de ne pas m'éloigner de vous. Mais, d'une autre part, je me dois à celle que j'ai juré, aux pieds des autels, d'aimer, de protéger et de rendre heureuse ; mon devoir d'époux me consacre à ma femme, à votre fille. Je crois, dans la malheureuse situation présente, que je faillirais à mes serments si je ne cherchais à détourner d'Hélène, le coup qui la menace, après avoir frappé vos autres enfants. Dites, mon père, suis-je dans le vrai ?...

M. de Niorres prit les mains de son gendre et les pressa convulsivement, tandis que deux larmes roulaient sur ses joues amaigries.

— Armand, lui dit-il enfin, je vous plains, car je comprends l'embarras de votre position personnelle. Vous êtes placé entre les devoirs de l'époux et ceux du fils adoptif. Vous êtes dans la nécessité de choisir entre votre femme et votre beau-père... N'hésitez pas, mon enfant ! suivez les préceptes de l'Evangile : votre femme d'abord et avant tout. Hélène ne fût-elle pas ma fille, que je raisonnerais encore ainsi ; mais il s'agit de mon enfant, et mon cœur est vivement touché des sentiments qui vous animent. Partez, Armand ! Emmenez Hélène, et recevez, avant de quitter cette maison maudite, la bénédiction de votre vieux père !

M. de Nohan s'inclina : il était profondément ému.

— A ma place, vous partiriez donc ? demanda-t-il.

— Oui, répondit nettement le conseiller, car ce serait mon devoir, comme c'est le vôtre. Je vous ai confié ma fille, vous devez la protéger contre tout péril. Au reste, ce départ était nécessaire, et j'avais arrêté qu'il serait exécuté avant que vous ne vinssiez m'en parler. Où voulez-vous aller ?

— Dans mes terres de Bourgogne.

— Ce n'est point assez loin ; il faut aller en Italie.

— J'y conduirai Hélène, si telle est votre volonté.

— Merci, mon ami.

— Mais, reprit M. de Nohan, il faudra décider ma femme, car, jusqu'ici, elle a refusé d'abandonner l'hôtel.

— Demain, Armand je parlerai à Hélène, je lui exprimerai mon désir, ma volonté, s'il le faut, et après-demain vous quitterez Paris.

— Et, reprit M. de Nohan après un silence, et Mme de Versac ?

— Elle partira également, dit le magistrat d'une voix ferme.

— Avec nous ?

— Non ; votre réunion appellerait peut-être le danger sur vos têtes. Elle partira, mais seule, ou du moins avec son fils.

— Et son neveu...

— Non!

— Quoi ! vous lui retirez la garde de l'enfant qu'elle a adopté ?

— Je le séparerai d'elle, Armand.

— Vous le garderez près de vous ?...

Le conseiller hésita.

— Je ne puis vous répondre à cet égard, dit-il ; je ne sais encore ce que je déciderai, mais ce que je veux, c'est que tous les membres de ma famille soient séparés les uns des autres par des distances considérables : c'est là, je crois, le seul moyen de détourner la mort qui nous menace tous... Oh ! continua le magistrat en levant les mains vers le ciel, que n'ai-je pris plus promptement cette résolution !... je n'aurais peut-être pas à pleurer aujourd'hui sur tant de tombes à peine fermées !... Mais qui pouvait prévoir, qui pouvait me faire supposer.....

M. de Niorres n'acheva pas sa pensée ; sa tête retomba lourdement entre ses mains moites de sueur.

— Mme de Versac consentira-t-elle à partir ? dit M. de Nohan.

— Il faudra qu'elle s'éloigne, répondit le conseiller, je lui ferai comprendre la nécessité de cet éloignement. Quant à vous, Armand, ne dites à personne, à personne entendez-vous ? le lieu vers lequel vous vous dirigerez ; que votre femme elle-même l'ignore, que Mme de Versac, que la baronne, que Blanche, que Léonore ne puissent le deviner... Moi seul saurai la route que vous devrez suivre. En quittant Paris, vous vous dirigerez vers la Picardie, puis, au-dessus de Chantilly, alors que tout le monde supposera que vous courez vers les Flandres, vous ferez un brusque crochet, et, tournant l'Ile de France, vous reviendrez vers la Bourgogne, pour de là traverser le Lyonnais, atteindre le Dauphiné et passer la frontière. Vous m'avez bien compris?

— Parfaitement.

— N'emmenez aucun domestique : vous en prendrez de nouveaux à Lyon ou à Grenoble.

— Tout sera fait ainsi que vous le désirez.

— De cette manière, nous arriverons, je l'espère, à dérouter tous les espions que nous avons probablement attachés à nos pas.

— C'est là tout ce que vous avez à me recommander?

— C'est là tout, mon ami, car je sais qu'il est inutile que je vous recommande ma fille, si la mort vient me frapper à mon tour. Cette mort, je l'attendrai ici, Armand, dans l'hôtel de mes pères, et elle me trouvera prêt à la recevoir ; je ne la craindrai plus lorsque je saurai mes enfants éloignés de ses atteintes. Venez m'embrasser, mon fils, et que la résolution que nous venons de prendre soit définitivement arrêtée. Demain je parlerai à Hélène, et après-demain, vous me ferez vos adieux...

Les deux hommes, très émus tous deux, s'embrassèrent dans une affectueuse étreinte, puis M. de Nohan, sans ajouter une parole, quitta le cabinet du conseiller au parlement de Paris.

XI

LES DEUX SŒURS

L'allée d'où était parti le bruit léger qui avait éveillé l'attention du matelot, conduisait sur la pelouse, se déroulant devant les bâtiments, jusqu'à un petit quinconce formant le centre du jardin. Elle était bordée, à droite et à gauche, de frais accacias dont les cimes se rejoignant formaient une arcade verdoyante au-dessus du sentier, et, l'abritant dans le jour contre les atteintes des rayons du soleil, contribuaient la nuit, à augmenter l'obscurité qui y regnait.

Aussi ne distinguait-on, au moment où Mahurec s'était blotti dans son coin, que deux formes blanches dont l'apparition au milieu des ténèbres eût peut-être effrayé une âme moins forte que celle du matelot, mais Mahurec n'était pas précisément un esprit timide, et lorsqu'à travers un jour ménagé entre les feuilles et qui se trouvait placé à la hauteur de son œil, il avait aperçu les deux fantômes, il n'avait pas manifesté la moindre émotion. Au reste, en arrivant au bout de l'allée et en atteignant la zone éclairée, la double apparition perdit tout à coup son caractère fantastique que lui avaient prêté les ombres de la nuit et n'offrit rien de bien effrayant.

Jamais peut-être, au contraire, la lumière n'avait éclairé spectacle plus poétique que celui qui se présentait alors aux regards du matelot immobile.

Deux jeunes filles, deux frêles et ravissantes créatures aux formes élégantes, à la démarche gracieuse, s'avançaient lentement vers le pavillon de verdure devant lequel était placé un banc fait en bois rustique. De même taille et presque de même âge, vêtues toutes deux d'une façon identiquement semblable, chacune de ces charmantes promeneuses paraissait être la reproduction vivante de l'autre. Leurs cheveux poudrés ne montrant pas leur nuance naturelle qui pouvait être dissemblable, contribuaient encore à établir cette ressemblance qu'un examen attentif pouvait seul faire disparaître. En effet, l'une des deux jeunes filles, celle qui semblait être de quelques mois seulement plus âgée que l'autre, avait la peau d'une blancheur plus éblouissante que celle de sa compagne, dont le ton mat et pâle était d'une distinction tout aristocratique.

La première avait les yeux bleus, le regard langoureux, les sourcils châtains clair, la bouche rosée et la coupe du visage d'un ovale un peu allongé qui seyait à ravir à l'ensemble de sa physionomie.

La seconde, au contraire, avait l'œil noir, le regard vif et brillant, les sourcils noirs et arqués comme ceux d'une juive algérienne, les lèvres d'un incarnat si vif qu'on eût dit qu'elle tenait une grenade entre ses dents, le visage rond et l'expression générale rieuse, mutine et vive, tandis que celle de sa compagne offrait un cachet tout particulier de mélancolie nerveuse et de gracieuse nonchalance.

L'une avait la démarche lente, onduleuse : elle glissait plutôt qu'elle ne marchait sur le sable fin qui recouvrait le sol ; son corps paraissait toujours légèrement affaissé sur lui-même comme si la force physique eût manqué à tout son être, il se ployait comme une tige de jacinthe ondulant sous la brise. L'autre, bien assise sur ses hanches, la taille cambrée, droite, ferme, légère et pétulante dans tous ses mouvements. Elle avançait son petit pied, chaussé d'une étroite mule de satin noir, et le posait hardiment sur la terre, marchant avec la délicatesse énergique de ces mignons oiseaux gravissant sur une branche.

Entre ces deux jeunes filles, comme on le voit, le contraste était frappant, et certes si leur chevelure n'eût pas été poudrée, la différence eût été plus grande encore, mais cependant ainsi que nous le répétons, à première vue ce contraste, cette différence ne s'offraient pas au regard, et grâce à la similitude de leur taille, de leur costume, grâce surtout à ce je ne sais quoi indéfinissable que l'on nomme *un air de famille* et qui existait entre elles d'une façon incontestable et frappante, on était tenté au premier abord de les prendre l'une pour l'autre, et on devinait aisément deux jeunes sœurs au printemps de la vie. Une chose surtout qui devait frapper tous ceux qui connaissaient les habitants de l'hôtel du conseiller au parlement, c'était que, dans chacune de ces deux jeunes filles, on reconnaissait une grande ressemblance avec M. de Niorres. Pour la seconde surtout, cette ressemblance, après examen, devenait merveilleuse : c'était le portrait vivant, rajeuni, mais embelli du conseiller.

Leurs robes blanches, peu amples, taillées en *fourreaux à l'Agnès*, comme le voulait et s'exprimait la mode, garnies de flots de rubans noirs ; leurs petits chapeaux noirs *sans fonds*, nommés *chapeaux à la caisse d'escompte*, surchargés également de rubans noirs ; leurs bas de soie gris-perle à coins noirs, leurs mules de satin de même nuance que les rubans, leurs colliers de jais suspendant, sur le satin rosé de la peau, une croix d'or émaillée noir, attestaient un grand deuil récent à propos duquel la chaleur extrême de la saison avait permis, dans l'intérieur de l'hôtel, de substituer le blanc au noir pour la partie principale du vêtement.

Ces deux charmantes jeunes filles, éclairées par la douce lueur de la lune, et marchant lentement au milieu de ces arbres touffus, de cette nature luxuriante, présentaient le tableau le plus suave et le plus empreint de poésie.

— Es-tu fatiguée, Blanche ? demanda celle qui paraissait être l'aînée, et dont la démarche languissante avait tous les charmes de l'indolente allure créole.

— Fatiguée, répondit la jeune sœur dont la ressemblance avec M. de Niorres était tellement saisissante ; tu sais bien que je ne le suis jamais. On ne marche pas dans ce vilain Paris, il faut être toujours en carrosse. Oh ! mes belles allées du *cours d'Ajot*, à Brest, où êtes-vous ?

— Bien loin d'ici, hélas ?... ma pauvre Blanche !

— Mais, reprit Blanche, tu es fatiguée, toi, Léonore. Tiens, asseyons-nous là sur ce banc, nous causerons encore un peu avant de rentrer...

La jeune fille désignait le banc près duquel elles se trouvaient toutes deux et qui était placé devant le petit pavillon de verdure.

Léonore et sa sœur y prirent place.

— Léonore, reprit Blanche après un léger silence, qu'as-tu fait de la lettre du vicomte ?

— Elle est là, dit Léonore en désignant les plis du corsage de sa robe.

— Eh bien ! ma sœur, il faut répondre...

— Ma réponse est prête, Blanche ; nous devons refuser.

— Quoi ! s'écria Blanche ; nous ne leur donnerons même pas la consolation qu'ils nous supplient de leur accorder avant leur départ ? Nous refuserons de les voir, ne fût-ce que l'espace de quelques minutes...

— Nous le devons, ma pauvre Blanche.

— Mais songe donc que s'ils savent, ainsi que nous le savons nous-mêmes, quoi qu'on ait fait pour nous cacher la vérité, que des crimes se commettent dans cette maison, leur désespoir doit être affreux ; car Henri et Charles nous aiment, Léonore ; ils nous aiment comme nous les aimons.

— Raison de plus pour les tenir éloignés de cette maison.

— Pourquoi ? Ils sont forts, ils sont braves ; j'ai en eux une confiance absolue ; ils nous défendraient nous et notre mère.

— Mais notre oncle refuse de les recevoir, bien qu'ils aient tout tenté pour arriver jusqu'à nous...

Léonore tressaillit brusquement.

— Qu'as-tu donc ? demanda Blanche.

— Rien, répondit la sœur aînée ; il me semble avoir entendu remuer derrière nous, mais je me serai trompée...

Blanche regarda attentivement.

— Je ne vois rien, dit-elle.

— C'est ma robe qui aura agité le feuillage.

— Depuis que nous nous aimons, reprit Blanche, notre mère a laissé croître cet amour réciproque avec une indulgence approbatrice. Elle désirait ces unions, elle les voyait se préparer avec joie. Elle n'a aucun motif personnel pour repousser aujourd'hui ceux qu'elle accueillait si bien il y a deux mois encore. D'ailleurs, réfléchis. Que nous demandent-ils dans ces lettres que Saint-Jean nous a remises ce soir ? la permission de causer avec nous demain dans le jardin. Ils vont partir... ils jurent que, si nous refusons, ils resteront, quoi qu'il puisse en résulter ; devons-nous refuser ?

— Ma sœur..., fit Léonore en hésitant.

— Léonore ! Blanche ! appela en ce moment une voix douce qui, partant du rez-de-chaussée de l'habitation vint interrompre soudainement les deux sœurs.

— Ma mère ? répondirent à la fois les deux jeunes filles.

— Rentrez ! reprit la voix ; il est tard.

— Nous rentrons, ma mère, répondit Blanche.

Puis baissant la voix :

— Il faut voir Henri et Charles demain soir ; il le faut, ajouta-t-elle en se penchant vers sa sœur.

Toutes deux quittèrent la place où elles se trouvaient, et se dirigèrent vers la pelouse, dont elles foulèrent sous leurs petits pieds le frais tapis de verdure.

— Nous allons écrire, reprit Blanche en ralentissant sa marche. J'ai fait à Saint-Jean le signe convenu ; il viendra tout à l'heure chercher nos lettres ! Du courage, Léonore ! Il faut que nous les voyons ; puis ensuite nous avouerons tout à notre mère. Elle nous comprendra et elle nous pardonnera. Viens, ma sœur ; viens et aie confiance en eux !...

Les deux jeunes filles atteignaient les marches du perron communiquant avec une porte vitrée, sur le seuil de laquelle les attendait la belle-sœur du conseiller au parlement.

— Que je sois croché au bout de la grande vergue si c'est pas là deux amours du bon Dieu en chair et en os ! murmura Mahurec sans oser bouger de sa cachette. N'y a pas à la Jamaïque, depuis Santiago de la Vega jusqu'au morne des Montagnes-Bleues, une négresse pour leur être comparée, que je dis, et pourtant qu'il y en a des soignées que j'en ai souvenance ! Caramba ! le plomb de sonde de leur cœur rapporte fier fond d'amourette pour mes lieutenants ! Braves petites filles ! Oui, s'il y à du danger que Mahurec est là, et, quant à l'empoisonneur, que je le croche, je l'élingue en grand et je lui fais tour mort et demi-clef sur le pertuis au légume qu'il en crachera sa langue !...

Et Mahurec serra les poings avec une énergie telle que ses os en craquèrent.

XII

LE TEINTURIER

Parmi les rues nombreuses adoptées, dès leur création, par le commerce de la capitale pour y établir son siège, l'une de celles les plus renommées a été et est encore la rue Saint-Honoré. En 1785 surtout, les boutiques de cette voie animée étaient le rendez-vous des plus élégants acheteurs.

Non loin de la rue de la Sourdière et avoisinant par conséquent l'église Saint-Roch, s'élevait l'une de ces étroites et hautes maisons qui firent si fort crier l'auteur du *Tableau de Paris*, alors qu'il attaquait, à juste titre, les constructions de la fin du dernier siècle. Cette maison, n'ayant que deux fenêtres de façade, paraissait enclavée dans les bâtiments formant le côté droit de la rue, comme un long coin enfoncé dans une ouverture qu'il doit combler. Le rez-de-chaussée était occupé par l'une de ces boutiques étroites, petites, mesquines, à plafond bas, à devanture garnie de petits carreaux de vitre, et dans laquelle le jour et l'air pénétraient moins que le brouillard de la rue et les exhalaisons du ruisseau. A côté de cette boutique, une porte bâtarde, que n'eût pu certes franchir, faute de largeur nécessaire, une grande dame avec ses paniers, donnait accès dans un couloir obscur au bout duquel commençaient à grimper les marches hautes d'un escalier aussi roide qu'une échelle de meunier et conduisant aux étages supérieurs. Au-dessus de la boutique on lisait, en lettres multicolores sur un cartouche de nuance claire :

BERNARD, TEINTURIER-DÉGRAISSEUR

Derrière les vitrines on apercevait des piles de franges de toutes couleurs, des pièces d'étoffes de tous genres, puis des bas de soie, des mantes de taffetas, des jupes décousues, des habits de satin ou de velours, des culottes de calmande, le tout brillant d'un lustre décelant l'habileté du propriétaire de l'établissement.

A cette époque, où la soie et les nuances les plus claires jouaient un si grand rôle dans le costume des deux sexes, l'état de teinturier-dégraisseur avait une importance que le bon marché progressif des étoffes lui a peu à peu fait perdre et auquel surtout l'habitude de mœurs plus simples, l'usage des vêtements de drap de couleur sombre et le rejet, par la mode, des culottes courtes, partant des bas de soie, ont porté un rude coup. Mais sous Louis XVI, comme sous le règne de son prédécesseur, le dégraisseur-teinturier avait ses clients jusque dans la plus haute classe de la société, aussi la boutique de maître Bernard, bien connue dans le quartier où elle était située, possédait-elle une clientèle dont pouvait s'enorgueillir à bon droit son propriétaire.

Le soir de ce même jour où se sont accomplis les premiers faits de l'histoire que nous racontons et à l'heure où, dans les jardins de l'hôtel de Niorres, avait lieu entre les deux jeunes filles la conversation surprise par Mahurec, la boutique du teinturier, éclairée par deux lampes suspendues au plafond, projetait une lueur vague sur le pavé de la rue.

Un jeune homme, occupé à ranger les diverses marchandises qui encombraient les comptoirs, se trouvait seul dans la boutique. Il venait de compter avec soin une douzaine de magnifiques paires de bas de soie qui, à en juger par l'exiguité du pied et l'extrême finesse de leur tissu, devaient appartenir à quelque femme élégante, et il les empaquetait avec précaution à l'aide d'un papier blanc déployé sur le comptoir, lorsqu'un judas, perçant le plafond au-dessus de l'endroit où il se trouvait, s'ouvrit soudain.

— Jean ! dit une voix sonore partie de l'étage supérieur.

— Monsieur Bernard ! répondit l'employé en levant immédiatement le nez et les yeux vers le plafond.

— Les bas de soie de Mme la marquise d'Horbigny sont-ils prêts ?

— Je suis en train de ficeler le paquet.

— Bon ! Vous allez les porter tout de suite à l'hôtel de Mme la marquise. Vous savez qu'on les lui a promis pour ce soir

— Oui, Monsieur.

— Et l'habit de cheval de M. le comte de Sommas ?

— Il est prêt également ; son premier valet de chambre l'enverra prendre demain par le jokey.

— Très bien. Maintenant, fermez la boutique et allez chez Mme la marquise...

Le judas se ferma, et Jean, le garçon teinturier que nous connaissons déjà pour l'avoir rencontré sur la route de Versailles, acheva d'attacher son paquet et alla chercher les volets pour procéder à la clôture de la boutique. Comme il poussait la dernière clavette au volet de la porte d'entrée qu'il maintenait ouverte, deux jeunes gens parurent sur le seuil et pénétrèrent dans l'intérieur. L'un était vêtu en bourgeois aisé, l'autre portait l'uniforme du régiment de Royal-Infanterie.

— Ah ! monsieur Brune, dit Jean en saluant le premier des deux jeunes gens ; puis, tendant familièrement la main à l'autre : Tiens, ajouta-t-il, c'est toi, Soult !

— Bonsoir, mon garçon, répondit l'étudiant en droit qui, ainsi que nous le savons, avait pris un si vif intérêt à la douleur de Mme Bernard alors que celle-ci pleurait sa chère petite fille sur le lieu même où elle lui avait été enlevée.

— Bonsoir, Lannes, dit le soldat en secouant la main qui lui était offerte.

— Maître Bernard et sa femme sont en haut ? demanda Brune en désignant un petit escalier qui s'élevait en colimaçon dans le fond de l'arrière-boutique et faisait communiquer celle-ci avec le premier étage.

— Oui, répondit le garçon teinturier. Vous pouvez monter.

— Ils sont seuls ?

— Oh ! non, il y a avec eux le père Gorain et son

ami Gervais, et puis un Monsieur de leur connaissance qu'ils ont amené ce soir.

— Quel est ce Monsieur ?

— Je ne sais pas trop, quoique j'aie fait aujourd'hui la route de Versailles, dans le carrabas, aller et retour, avec lui. Mais vous pouvez monter tout de même, vous savez bien que vous n'êtes jamais de trop dans la maison, surtout si vous apportez des nouvelles de la *jolie mignonne.*

— Hélas ! je n'en apporte aucune ! dit Brune en secouant tristement la tête.

— Pauvre Mme Bernard ! fit le garçon teinturier en prenant le paquet qu'il avait laissé sur le comptoir.

— Tu sors ? demanda le soldat.

— Oui, je vais Chaussée Gaillon, à l'hôtel d'Horbigny. Viens-tu avec moi, Nicolas ?

Le soldat se tourna vers Brune :

— Vous retrouverai-je ici ? demanda-t-il.

— Oui, répondit l'étudiant, je vous attendrai.

— Alors, je t'accompagne ! dit Nicolas en s'adressant au garçon teinturier.

Celui-ci mit son paquet sous son bras et s'élança dans la rue. Nicolas Soult le suivit, et Brune ayant refermé sur eux la porte, traversa la boutique pour gagner l'escalier placé au fond et dont il escalada lestement les degrés. Une porte vitrée se trouva alors en face de lui. Il frappa discrètement, la porte s'ouvrit aussitôt.

La chambre dans laquelle pénétra l'étudiant était une pièce de médiocre dimension, très basse de plafond, et prenant jour sur la rue par des espèces de lucarnes indignes de tout autre nom, et que fermaient ces sortes de châssis vitrés glissant de haut en bas, et de bas en haut, dans des coulisses adaptées à la muraille, châssis qui n'avaient pas, à cette époque, de dénomination particulière, mais qui, quelques années plus tard, alors que l'usage en devint plus général dans les constructions, devaient être baptisés du nom de *fenêtres à guillotine*. Un grand lit occupait tout un côté de la muraille. Un vaste bahut lui faisait face. Quelques chaises et une table constituaient le reste du mobilier.

Au moment où Brune franchit le seuil de la porte située en haut du petit escalier, le lit était occupé par une femme dont le visage amaigri, les yeux enfoncés, les traits tirés, décelaient une violente souffrance physique jointe à une grande douleur morale.

Un homme vêtu de noir était assis à son chevet : cet homme était Fouché, le professeur au collège de Juilly. Près de lui, mais placés en face de la malade, MM. Gorain et Gervais se tenaient roides sur leurs chaises, et paraissaient tous les deux fort mal à leur aise.

Maître Bernard, le teinturier, mari de la malade, le père de la *jolie mignonne*, était appuyé sur le pied du lit, et c'était lui qui, en étendant la main lorsque Brune avait frappé à la porte, avait donné accès au jeune étudiant.

A l'entrée de celui-ci, Fouché, qui causait avec Mme Bernard, garda aussitôt le silence.

Brune salua les personnes en présence desquelles il se trouvait, et il fut accueilli par un serrement de mains du teinturier, par un sourire de la malade et par un geste amical de MM. Gorain et Gervais. Fouché se souleva sur son siège pour répondre au salut de l'étudiant ;

mais comme en se rasseyant son visage se trouva éclairé en plein par une chandelle placée sur la table, Brune fit un geste de surprise.

— Monsieur Fouché ! dit-il avec étonnement.

— Monsieur Brune, je crois ? répondit le professeur.

— Lui-même, Monsieur, qui a eu l'honneur de vous rencontrer plusieurs fois aux cours de l'Ecole de droit. Je suis heureux de vous retrouver chez Bernard, car l'aide de vos lumières ne peut que nous être de la plus grande utilité pour diriger nos recherches.

— Oui, ajouta le teinturier ; Monsieur a la bonté de s'intéresser à notre malheur. C'est cet excellent Gorain qui nous l'a amené ce soir.

— Certainement... certainement... balbutia M. Gorain. Vous savez que tout ce que je puis faire, je le ferai... mais je crains bien que...

— Ne dites pas cela ! interrompit vivement Mme Bernard en se dressant sur son lit. Ne dites pas que je ne retrouverai pas ma fille, je mourrais à l'instant !

— Certes, je ne dis pas... continua Gorain avec un embarras croissant ; mais je crois... j'imagine qu'il serait sage...

— De cesser nos recherches ? s'écria encore la pauvre mère dont le visage s'empourpra.

— Avez-vous des nouvelles ? demanda le teinturier en s'adressant à l'étudiant.

— Aucune ! répondit celui-ci.

Maître Bernard baissa la tête et deux larmes perlèrent au bord de ses cils.

— Je retrouverai ma fille, mon enfant ! dit avec énergie la malheureuse femme. Je n'ai jamais fait de mal à personne, moi. Dieu est trop juste pour me priver de mon enfant! Oui, oui, je retrouverai Rose! Cet espoir est dans dans mon cœur; c'est lui seul qui me donne la force de vivre... s'il s'éteignait, mon âme partirait avec lui!

— Calmez-vous! calmez-vous! dit Fouché en saisissant l'une des mains de la malade et en la forçant à se recoucher complètement. Veuillez seulement répondre d'une façon bien précise aux questions que je vous adresse.

— Je retrouverai ma fille, n'est-ce pas? Elle me sera rendue? dit encore Mme Bernard avec une exaltation fébrile.

— Je l'espère; mais écoutez-moi et répondez à mes questions. Vous m'avez dit, commença Fouché en appuyant sur son genou un carnet qu'il tenait de la main gauche, que votre fille avait quatre ans. Est-elle grande ou petite?

— De taille moyenne, répondit la mère; mais si bien prise, si grasse si mignonne; des mains de duchesse et des petits pieds de reine...

— Elle est blonde!

— D'un blond adorable! Tenez, Monsieur, voici une boucle de ses cheveux. Je la lui avais coupée il y a trois mois pour en faire faire un médaillon. Oh! ils ne me quittent plus ces beaux cheveux soyeux que je frisais moi-même chaque soir.

Et la pauvre mère tira de son sein une boucle des cheveux de sa fille, qu'elle portait constamment sur sa poitrine.

— Oh! continua-t-elle en caressant cette boucle avant

de la donner à Fouché, quand je pense que c'est là tout ce qui me reste de mon enfant, il me semble que je vais devenir folle! Ces beaux cheveux (elle les baisa), comme elle en était fière, la jolie enfant! Te souviens-tu, Bernard? Elle passait ses petits doigts dans ses boucles dorées, et, quand je refusais de l'embrasser pour la punir de quelque faute, elle me menaçait de défriser sa chevelure! Je la vois encore... là... car c'était là qu'elle couchait... voici son berceau!

Mme Bernard désigna de la main une petite couchette d'enfant placée derrière Fouché. Chacun des assistants obéit involontairement à ce geste, et tous les yeux se fixèrent sur le berceau vide. Le teinturier ne put étouffer un soupir douloureux qui déchira sa gorge. Mme Bernard regarda son mari; puis tout à coup sa bouche se contracta, ses épaules frissonnèrent convulsivement, et, se rejetant en arrière, elle éclata en sanglots.

Le teinturier voila son visage de ses mains épaisses noircies par le travail. M. Gorain se tourna vers M. Gervais : les deux bourgeois paraissaient très-émus.

— Ah! murmura le propriétaire de l'avocat Danton, s'il ne s'agissait pas du roi de Prusse...

M. Gervais lui poussa rudement le coude.

Brune s'essuyait les yeux, tandis que Fouché, froidement impassible au milieu de cette scène de désolation, prenait rapidement des notes sur son carnet.

— Je crois, sauf meilleur avis, hasarda M. Gervais en regardant son voisin, qu'il vaudrait peut-être mieux remettre à demain pour la suite des renseignements, car il est tard, savez-vous.

— Vous avez raison, compère, dit vivement M. Gorain ; d'ailleurs, la prudence...

— Ah çà ! fit Bernard en s'adressant aux deux bourgeois, je ne comprends rien à ce que vous êtes ce soir.

— Nous ?... dit Gervais en rougissant.

— Eh oui ! Vous nous amenez M. Fouché qui veut bien s'occuper de notre malheur, qui nous promet de nous mettre sur la voie de notre enfant, et on dirait, à vous entendre, que vous ne cherchez qu'à nous détourner de suivre les excellents avis qu'il donne...

— Bernard !... pouvez-vous supposer... balbutia Gorain.

— Nous qui vous aimons tant, ajouta Gervais.

— Vous nous conseillez de renoncer à nos recherches ! dit la malade en séchant tout-à-coup ses larmes ; car, au milieu de ses plus grands accès de douleur, le moindre mot relatif à sa fille attirait immédiatement son attention.

— Mais vous vous trompez... continua Gorain en changeant de couleur ; jamais, au grand jamais, nous n'avons eu l'intention..... Tenez ! je parlais encore de vous ce matin avec mon épouse, et nous pleurions tous deux comme deux éponges...

— Oui, oui, M. Gorain vous est fort dévoué, cela est évident, interrompit Fouché avec impatience ; laissez-moi donc continuer, je vous en prie. Madame Bernard, il faut, dussé-je rouvrir toutes les plaies de votre cœur, que vous me donniez un signalement exact de votre fille.

La malade joignit les mains.

— Rose est jolie comme un ange, dit-elle. Elle ne

peut être comparée à aucun autre enfant ! Oh ! Elle est facile à reconnaître, Monsieur !

Et la pauvre mère se mit à donner, avec l'exaltation la plus vive et les détails les plus minutieux, les renseignements que réclamait le professeur.

Elle parla longuement, interrompant son récit par des larmes abondantes ; mais la lucidité avec laquelle elle s'exprima fut si grande, que Fouché crut voir, devant lui, l'enfant dont on lui décrivait la charmante personne.

Quand la mère eut achevé, Fouché referma son carnet après avoir pris la dernière note, et s'adressant à Bernard et à sa femme :

— Je vous demande douze jours, dit-il, pour vous donner une réponse. Si ce que je pense est la vérité, dans douze jours vous embrasserez votre fille...

— Pourquoi si longtemps ? s'écria la mère.

— Parce que ce temps est nécessaire, Madame, à l'absence qu'il faut que je fasse.

— Quoi ! dit le teinturier, vous croyez donc que ma fille n'est plus à Paris !

— Je n'affirme rien, mais je le crois.

MM. Gervais et Gorain échangèrent un regard rempli d'inquiétude.

— M. Fouché a raison, dit Brune en prenant la parole à son tour. Si la *joli mignonne* était encore à Paris, la police l'eût certes découverte.

Le professeur haussa les épaules.

— La police est si mal faite, répondit-il, que cela ne serait point une raison, mais c'est d'après d'autres indices que j'espère être sur les traces de votre enfant.

— La police mal faite ! La police de M. Lenoir ! dit Gorain en ouvrant de grands yeux et en manifestant un étonnement aussi profond que si le professeur eût énoncé quelque monstruosité innacceptable.

— M. Lenoir sait tout ! ajouta Gervais d'un air doctoral.

Fouché haussa encore les épaules et lança un coup d'œil à Brune.

— Tout est à refaire là comme dans toutes les institutions de nos jours, dit-il en s'adressant à l'étudiant, mais là surtout la reconstruction de l'édifice est nécessaire. Qu'est-ce que votre police avec ses agents ayant peur des grands seigneurs, son lieutenant soumis aux caprices de la cour, ses misérables menées pour descendre à connaître des cancans de vieilles femmes, ses rapports erronés... La police est aveugle ou du moins elle a la cataracte ! Il faut l'opérer.

— Chargez-vous de l'opération ! dit Brune en souriant.

— Moi ? s'écria Fouché. Oh ! si j'étais lieutenant de police seulement durant une année !

— Que feriez-vous donc ?

Les yeux de l'oratorien lancèrent un éclair rapide.

— Je ferais de cette institution l'un des grands rouages de l'État. Je voudrais ne rien ignorer de ce que je devrais savoir, sans en venir à des tracasseries incessantes pour les habitants paisibles de la France. Je voudrais que pas un crime ne se commit dans les ténèbres, que pas un complot ne s'ourdit dans l'ombre, sans que je ne jetasse sur eux un foyer de lumière. Je voudrais enfin que chaque bon citoyen pût dormir tranquille et que les rues de Paris fussent aussi sûres à minuit qu'à midi. Et cela sera un jour, Monsieur, vous le verrez ! Non pas que je devienne lieutenant de police, ajouta Fouché en souriant, cela est bien peu probable, mais nous sommes à la veille d'événements graves. Toute la vieille machine sur laquelle s'étaye la monarchie, croulera dans peu, cela est certain, pour faire place à des institutions nouvelles. Eh bien ! il se produira à la tête de la police un homme intelligent, et alors...

— En 1800, dit Brune d'un air incrédule.

— Pourquoi pas ? quinze années sont plus que suffisantes pour accomplir ce que je prophétise. Ne riez pas ! attendez ! nous sommes jeunes et nous verrons tous deux ces institutions qui dirigeront le xixe siècle...

— Mais, ma fille... mon enfant ? interrompit Mme Bernard qui n'avait pas entendu seulement ce que Fouché venait de dire à Brune, absorbée qu'elle était par une unique pensée.

— Demain, je serai sur ses traces, je vous le promets ! dit l'oratorien.

— Mon Dieu ! Mon Dieu ! dit la pauvre mère, que n'ai-je assez de force pour vous accompagner ! Oh ! j'essaierai, je pourrai vous suivre... oui ! oui ! dussé-je fouiller la terre jusque dans ses entrailles, je retrouverai ma fille.

— Tu te tuerais, dit vivement le teinturier. Ta santé est déjà épuisée. Conserve-toi pour embrasser notre fille. C'est moi qui accompagnerai Monsieur.

— Non, répondit Fouché, votre présence là où je veux aller serait inutile et peut-être nuisible, car votre émotion entraverait sans doute mes projets, mais cependant un témoin me serait nécessaire...

Le professeur regarda MM. Gorain et Gervais. Ceux-ci détournèrent les yeux avec un embarras manifeste.

— Si j'allais avec vous ? dit vivement Brune.

— Oh ! vous êtes le meilleur des hommes ! s'écria Mme Bernard.

— Vous avez vu la *jolie mignonne* ? demanda Fouché.

— Plusieurs fois ! répondit l'étudiant.

— Et vous pourriez non-seulement la reconnaître, mais vous faire reconnaître par elle ? c'est là le point essentiel.

— Je le crois.

— Et moi j'en suis sûre ! dit la mère avec vivacité. Ma fille aimait beaucoup M. Brune, qui ne venait pas une fois chez nous sans donner des bonbons à la pauvre enfant.

— Alors, dit Fouché, j'accepte.

— Quand partons-nous et où allons-nous, demanda l'étudiant.

— Soyez demain matin chez moi à huit heures et vous saurez tout ce que nous devons faire.

En achevant ces mots, Fouché se leva.

— Ne nous reverrons-nous pas ? dit Mme Bernard avec anxiété.

— Avant mon départ ? Peut-être... Cependant je n'ose pas vous promettre d'une manière positive.

Puis, se tournant vers les deux bourgeois :

— A vos ordres, Messieurs, dit-il.

Gorain et Gervais souhaitèrent le bonsoir à la malade, et après avoir échangé une poignée de main avec le teinturier, se dirigèrent vers la porte vitrée avec une satisfaction évidente.

— Ne vous dérangez pas, Bernard, dit le futur échevin en s'opposant à ce que le teinturier passa devant pour reconduire, nous connaissons les êtres et la boutique est encore éclairée. Je viendrai vous voir demain matin.

Les deux bourgeois étaient déjà engagés dans l'escalier en colimaçon. Fouché avait pris son chapeau et se disposait à les suivre, mais se retournant tout à coup vers l'intérieur de la chambre :

— Défiez-vous de MM. Gorain et Gervais! dit-il à voix extrêmement basse. Devant eux ne parlez plus de votre fille et redoutez les conseils qu'ils pourraient vous donner.

— Pourquoi? fit Mme Bernard avec stupéfaction.

— Chut! vous le saurez! Adieu, Madame. Bon courage, monsieur Brune! je vous attends demain à l'heure dite, et vous, maître Bernard, souvenez-vous de ma recommandation.

Et Fouché, laissant dans un étonnement profond le teinturier et sa femme, descendit lestement les marches et rejoignit les deux bourgeois dans la boutique. Bientôt on entendit la porte se refermer sur eux.

— Cet homme me fait peur! murmura la malade.

— Qui cela, Fouché? demanda Brune.

— Oui. Son regard a quelque chose qui glace... et cependant il a l'air de s'intéresser bien sincèrement à notre cruelle situation.

— Mais, fit observer Bernard, pourquoi donc nous

a-t-il recommandé de nous défier de nos amis...

— S'il nous trompait...

— Oh ! dit Bruno, s'il voulait vous tromper, il agirait seul et ne demanderait pas que je l'accompagnasse.

— C'est vrai ! murmura le teinturier.

— N'importe ! ajouta la pauvre mère de l'enfant volé, ce qu'il nous a dit à propos de M. Gorain et de M. Gervais est bien étrange.

— Il connaît parfaitement M. Danton, fit l'étudiant en se levant, puisque c'est à la recommandation de celui-ci que vos amis l'ont amené chez vous. Eh bien ! voyez Danton demain de bonne heure, et avant de me rendre au rendez-vous, je viendrai savoir ce que vous aurez appris.

— Vous partez ? demanda Bernard en voyant Bruno se tenir debout.

— Non, répondit l'étudiant. J'attends Nicolas qui est sorti avec votre garçon.

— Ah ! ils sont allés ensemble à l'hôtel d'Horbigny.

Tandis que ces quelques phrases s'échangeaient dans la chambre de Mme Bernard, Fouché et les deux bourgeois, s'arrêtant sur le seuil de la boutique dont ils venaient de fermer la porte, se faisaient réciproquement leurs adieux.

MM. Gorain et Gervais tournèrent à gauche, se dirigeant vers l'église Saint-Roch : Fouché remonta la rue dans la direction du faubourg.

M. Gervais, qui avait le bras de M. Gorain passé sous le sien, sentit son compagnon frissonner.

— Qu'avez-vous donc, compère? demanda-t-il.

— J'ai... J'ai... balbutia Gorain, que je sens l'humidité des cachots de la Bastille qui me glace les épaules.

— La Bastille!... quoi! vous croyez...

— Est-ce que je sais, moi! dit le malheureux propriétaire avec son accent désolé. Pensez donc à ce que nous a dit M. Roger! Si on retrouve la fille de Bernard, nous aurons la guerre avec la Prusse! Ça me fait frémir!...

— C'est vrai!... je tremble aussi moi...

— Il y a de quoi! murmura M. Gorain. Et nous sommes mêlés là-dedans! Ah! M. Gervais? moi qui n'avais jamais fait de politique! Eh bien! nous voilà propres!...

— Comment?

— Quoi! vous ne comprenez pas, M. Gervais? Tenez! vous me feriez bondir si mes jambes en avaient la force! Mais souvenez-vous donc de ce que nous a dit M. Roger. Il faut que Bernard renonce à ses recherches... Et M. Fouché que nous avons conduit chez Bernard...

— Comment! vous croiriez qu'on nous suspecterait...

— Je vous dis que je sens la Bastille!

— Brrr! fit Gervais se frissonnant, j'en ai la mort dans le dos!

— Tenez! je suis sûr et certain que notre rencontre avec l'échappé des galères de Brest nous aura porté malheur!... D'abord, je ne vis plus!...

— Ni m...

M. Gervais s'interrompit pour pousser un grand cri,

et M. Gorain, quittant brusquement le bras de son ami, se colla contre le mur de la maison devant laquelle tous deux se trouvaient.

— Là! là! dit une voix enjouée, n'ayez pas peur, Messieurs, je ne suis point un voleur!

Les deux bourgeois venaient d'atteindre l'angle formé par la rue Saint-Honoré et la rue Saint-Roch, et un homme de taille moyenne, débouchant brusquement par cette dernière rue, s'était subitement trouvé face à face avec eux. C'était cette rencontre imprévue qui, dans la triste situation morale où se trouvaient les deux amis, avait arraché un cri de frayeur à M. Gervais et avait failli faire évanouir M. Gorain.

— Ah! mon Dieu! fit M. Gervais en se remettant et en examinant le nouveau personnage. Je ne me trompe pas! c'est encore M. Roger!

— M. Roger! s'écria le propriétaire en s'avançant avec un élan de joie.

— Moi-même, Messieurs, moi-même, dit le promeneur nocturne, lequel n'était autre, en effet, que l'employé de M. de Breteuil. Eh mais! continua-t-il en regardant à son tour les deux bourgeois qu'éclairait vaguement la pâle clarté d'un réverbère, Dieu me pardonne! c'est M. Gorain! c'est M. Gervais! mes deux nouveaux amis! Quelle heureuse rencontre!

— Ah! cher monsieur Roger! c'est le ciel qui vous envoie!

— Comment?

— Nous sommes dans une horrible perplexité! dit M. Gervais.

— Bah! Qu'avez-vous donc?

— Un malheur plane sur nos têtes, et vous seul, cher monsieur Roger, pouvez le conjurer.

— Mais expliquez-vous, je ne vous comprends pas, dit l'employé avec un étonnement merveilleusement joué. D'abord, d'où venez-vous?

— De chez Bernard...

— Ah oui ! c'est vrai... j'oubliais. Et vous aurez commis quelque indiscrétion.

— Jamais ! s'écrièrent à la fois les deux amis.

— Je me couperais plutôt la langue ! ajouta M. Gorain ; mais, si vous n'y prenez garde, tout est perdu ! On est sur la piste de la *jolie mignonne*.

— Qui cela ?

— Ce M. Fouché, l'ami de M. Danton, mon locataire.

— Ah ! M. Fouché... celui que vous venez de conduire chez Bernard ?...

— Précisément.

— Eh bien ?

— Eh bien ! cher monsieur Roger, il sait où se trouve la petite fille, et il va partir demain pour aller la chercher.

— Cher monsieur Gorain, et vous, cher monsieur Gervais, dit l'employé de sa voix la plus aimable, tel que vous me voyez je n'habite pas d'ordinaire Paris ; mais comme les affaires de Monseigneur m'y appellent quelquefois, j'y possède un petit pied à terre, là, à côté, au coin de la rue d'Argenteuil, à deux pas d'ici. Je rentrais chez moi en ce moment, car je n'ai pas soupé, et mon repas m'attend ; faites-moi tous deux l'honneur de m'accompagner. Nous souperons ensemble, et vous me raconterez tout ce que vous avez à me dire.

— Mais, fit M. Gorain, c'est que mon épouse m'attend.

— Et la mienne aussi, ajouta M. Gervais.

— Je me fais une fête de causer avec vous. Ces dames attendront un peu. Que diable ! les affaires d'État avant tout !

— C'est vrai, dit Gorain en se rengorgeant. Les affaires n'attendent pas, elles !

— Songez qu'un futur échevin doit montrer du zèle pour le service du roi.

— Oh ! j'en suis rempli, monsieur Roger !

— Et vous, monsieur Gervais, vous qui allez être fournisseur de Monseigneur, pensez qu'il faut le satisfaire avant tout.

— Vous avez raison, monsieur Roger. Nous sommes à vos ordres.

— Alors, venez, Messieurs ; je possède un petit crû de Bourgogne que je serai heureux de vous faire goûter.

— Il s'agit de M. Fouché !... commença M. Gorain.

— Nous causerons d'affaires en soupant, interrompit M. Roger. Vive Dieu ! voici une charmante journée qui se termine par une soirée plus charmante encore ! Vous ne sauriez croire, Messieurs, combien votre compagnie m'est agréable !

— Trop bon !... trop bon !... balbutia M. Gervais.

Pendant que l'employé du ministère de la maison du roi passait, sous chacun de ses bras, ceux de ses deux amis et les entraînait du côté de sa demeure, Fouché avait atteint la nouvelle rue Royale.

— MM. Gorain et Gervais, pensait-il tout en marchant, ont un intérêt que j'ignore à ce que Bernard ne poursuive pas ses recherches. Quel est cet intérêt? Je ne puis le savoir encore, mais, à coup sûr, il existe. Avant d'agir, il faut que j'éclaircisse ce côté de cette mystérieuse intrigue... Ah! monsieur le comte, vous pensez me mystifier!... mais je vous apprendrai, à vos dépens, qu'il faut compter avec moi!

XIII

SAINT-JEAN

M. de Niorres était seul depuis quelques instants à peine après le départ de son gendre, que la porte de son cabinet s'était rouverte de nouveau, et que le valet, que nous avons déjà vu pénétrer dans la pièce, s'était montré dans l'encadrement du chambranle.

— Madame la baronne et mesdemoiselles viennent de rentrer dans leurs appartements, dit-il.

Le conseiller tressaillit comme si cette annonce si simple eût caché quelque avertissement secret.

— Bien! fit-il en se remettant promptement. Je n'ai plus besoin ce soir de vos services...

— Monsieur se couchera seul? demanda le valet de chambre.

— Oui, je vais travailler.

Le domestique salua et fit un pas à reculons pour sortir.

— Ah! fit M. de Niorres avec un ton indifférent, Saint-Jean est-il couché?

— Pas encore, Monsieur, je viens de le voir dans les cuisines...

— Alors envoyez-le-moi ; j'ai à lui donner des ordres pour demain matin.

Ce que disait M. de Niorres paraissait tellement naturel que le valet de chambre, ne manifestant aucun étonnement, se retira pour aller exécuter le désir exprimé par son maître. M. de Niorres alla s'asseoir devant son bureau ; mais sa préoccupation augmentait visiblement de minute en minute. Enfin Saint-Jean parut. Le magistrat lui fit signe de refermer la porte et de venir près de lui. Saint-Jean obéit en silence.

— Saint-Jean, dit le conseiller à voix presque basse j'ai réfléchi et je suis décidé.

Le valet se précipita aux genoux de M. de Niorres avec tous les gestes du plus respectueux attachement.

— Oh ! mon bon maître ! murmura-t-il d'une voix larmoyante, vous avez donc enfin confiance en votre humble serviteur ?

— Oui, répondit le magistrat, j'ai confiance en vous, Saint-Jean, car je vais vous confier mon plus précieux trésor : l'enfant qui, après moi, doit être chef de ma famille !

Saint-Jean leva les yeux au ciel comme pour le prendre à témoin de la fidélité dont il faisait tacitement serment.

— Dans quelques instants, continua M. de Niorres, lorsque personne ne veillera plus dans l'hôtel, je vais monter moi-même chez Mme de Versac, je prendrai Louis dans mes bras et je vous l'apporterai, Saint-Jean, puis vous partirez tous deux par la petite porte du jardin... En attendant, prenez ceci pour parer aux premiers frais du voyage.

En achevant ces mots, le conseiller tendit au valet une bourse gonflée d'or. Saint-Jean repoussa la main de M. de Niorres.

— Quoi! dit celui-ci avec stupéfaction, vous refusez? Vous ne voulez plus me servir, Saint-Jean?... vous renoncez au dessein arrêté?

— Non, non! mon bon maître, dit le valet, je ne renonce à rien ; mais c'est pour mieux vous servir que je refuse de partir cette nuit.

— Vous ne partez plus?

— Non, pas cette nuit du moins.

— Mais pourquoi?

— Parce que je ne puis me mettre en route qu'avec la sécurité la plus parfaite ; songez à la responsabilité que je prends en emmenant M. Louis.

— Eh bien?

— Eh bien, mon bon maître, je suis sorti ce soir pour explorer les environs, et bien m'en a pris, car j'ai remarqué que j'étais suivi...

— Suivi! répéta M. de Niorres qui songea immédiatement aux espions que le lieutenant de police devait aposter aux abords de son hôtel pour s'élancer sur la piste du valet et le tenir sous la plus rigoureuse surveillance. Êtes-vous certain que ceux qui vous suivaient voulaient vous espionner?

— J'en suis sûr.

— Comment cela !

— J'ai fait plusieurs détours habiles pour m'assurer

que c'était bien à moi qu'on en voulait, et je n'ai pu douter.

— Et c'est pour cette cause que vous refusez de partir.

— Je crois que nous n'avons pas prévu suffisamment tous les dangers de mon départ.

— Comment cela ?

— Tous les gens de l'hôtel me connaissent et savent quel est mon attachement à la famille de Monsieur, non-seulement tous les gens de l'hôtel, mais encore ceux de l'hôtel de Soubise, et les habitants du quartier sont au courant de ma position auprès de Monsieur. Or, si je disparais soudainement la nuit, sans que personne ne puisse savoir ce que je suis devenu, mon absence deviendra la source de tous les bavardages ; puis, si l'on s'aperçoit, et il sera impossible de cacher cela aux yeux des gens de Monsieur, si l'on s'aperçoit que M. Louis a disparu en même temps que moi, on fera un rapprochement facile et on conclura que c'est moi qui ai emporté le pauvre cher petit...

— Cela est vrai, dit M. de Niorres en réfléchissant.

— Monsieur comprend, continua le valet, que laisser dire cela, c'est mettre sur la piste de Saint-Jean tous ceux qui ont intérêt à s'opposer à son dévouement.

— Nous n'avions pas songé à cela ! dit encore le conseiller frappé de l'observation du domestique.

— Pour plus de sécurité, il serait indispensable que ma sortie de l'hôtel eût une cause connue, que mon absence fût bien expliquée, et surtout que l'on ne pût supposer que M. Louis fût parti avec moi.

— Je puis vous envoyer ostensiblement, reprit M. de

Niorres, soit à Brest pour le compte de ma belle-sœur qui habitait cette ville, soit à Vannes où résidait l'évêque, mon pauvre enfant.

— C'est cela ! dit Saint-Jean. L'une de ces causes est excellente.

— Mais, continua le conseiller, comment vous remettre mon petit-fils sans que les autres domestiques s'aperçoivent de son absence et n'établissent une corrélation entre elle et la vôtre ?

— Il y aurait cependant un moyen, fit le valet d'une voix insinuante.

— Lequel ?

— Monsieur me donnerait ses ordres dès demain de grand matin, et je partirais aussitôt ; après-demain, Mme de Versac peut prétexter une promenade à la campagne... elle quitterait l'hôtel, emmenant les deux enfants...

— Et vous remettrait Louis en route, interrompit le conseiller.

— Non ! dit vivement Saint-Jean. Le cocher et le valet de pied seraient forcément dans la confidence. Mais Madame peut s'arrêter chez l'une de ses amies ; Monsieur s'y trouverait, prendrait avec lui M. Louis et reviendrait à l'hôtel. La nuit venue, je me serais introduit, déguisé, dans le jardin par la petite porte dont Monsieur m'aurait donné une clef... J'attendrais Monsieur qui prendrait le même chemin et je quitterais aussitôt Paris. Mme de Versac annoncerait en rentrant qu'elle a laissé son neveu chez son amie, et ainsi on ne se douterait de rien ; on ne pourrait que supposer, mais on n'aurait aucune certitude.

— Oui, murmura intérieurement le magistrat ; mais, de cette façon, aucun témoin ne pourra affirmer que j'ai remis mon petit-fils à cet homme, et s'il me trahissait, aucune preuve ne s'élèverait contre lui !

Cependant la proposition faite par Saint-Jean était tellement raisonnable, elle avait si évidemment pour but d'éloigner le danger de l'enfant dont il se chargeait, la contenance du valet était si peu embarrassée, son regard était si clair, l'expression de son visage si naturelle, que le magistrat sentit faiblir les soupçons nés tout à coup dans son âme.

— Je préviendrai demain M. Lenoir, pensa-t-il, et des espions seront de même placés sur son chemin.

Saint-Jean attendait une réponse.

— Ce que vous me dites me paraît sage, dit M. de Niorres à voix haute ; cependant j'ai besoin de réfléchir. Soyez dans mon cabinet à quatre heures ce matin, je vous dirai ce que j'aurai résolu.

Saint-Jean fit un signe affirmatif et quitta le cabinet de M. de Niorres.

A peine fut-il dans la pièce précédant ce cabinet que l'expression de son visage changea subitement. De touchante et sympathique qu'elle était, elle devint soudain joyeuse et triomphante.

— Il fera ce que je lui ai dit, murmura-t-il en gagnant un long corridor sur lequel s'ouvrait plusieurs appartements. Maintenant il ne s'agit plus que de deux choses : aller bien ostensiblement chez les deux amoureux et demain...

Saint-Jean n'acheva pas de formuler sa pensée, mais son œil sombre lança un jet de flammes.

En ce moment l'une des portes devant lesquelles il passait s'entr'ouvrit discrètement, et une main fine et potelée se posa sur le chambranle, tandis qu'un tête ravissante apparaissait dans l'entre-bâillement de l'huis.

— Saint-Jean ! murmura une voix douce.
— Mademoiselle Blanche ! dit le valet en s'arrêtan subitement.

Et sa physionomie reprit son apparence placide et bienveillante.

— Mon bon Saint-Jean, continua la jeune fille d'une voix câline.

Et sa main droite s'avançant fit voir deux petits billets que tenaient ses doigts mignons et effilés. Probablement le valet comprit cette pantomime, sans qu'il fut besoin d'une phrase explicative, car il saisit les deux lettres, les glissa dans sa poche, et baissant la voix :

— Dans une heure, dit-il, le marquis et le vicomte les auront entre les mains.

La porte se referma, et un remerciment plein de charme arriva jusqu'aux oreilles du domestique.

Saint-Jean atteignait l'escalier, et, bien que cette partie de l'hôtel fût plongée dans une obscurité profonde, il descendit rapidement les degrés. Parcourant le rez-de-chaussée de la demeure du conseiller en homme depuis longtemps au courant des êtres de la maison, il gagna les cuisines.

Elles étaient désertes ; tout le domestique de l'hôtel était couché. Saint-Jean prit un briquet, fit du feu et alluma une lanterne sourde qu'il prit sur une planche.

A la lueur de cette lanterne, il examina les deux lettres que venait de lui confier Blanche. Sans perdre un instant, il prit un canif dans sa poche et en fit chauffer la lame à la flamme de la bougie.

Alors, avec une dextérité attestant une pratique suivie, il découpa successivement et très-nettement les deux cachets de cire noire qui refermaient les deux billets. Cela fait, il déplia les papiers et prit connaissance des épîtres. Durant cette double lecture son visage s'illumina d'une joie farouche.

— Demain soir, dit-il ; très-bien ! Décidément, M. le comte est un grand homme, ajouta-t-il en souriant d'un air railleur. Il a la prescience de l'avenir ! Les correspondances de la Guimard et de la Duthé feront le reste...

Saint-Jean remit les deux lettres sous enveloppe, et, toujours à l'aide de la lame de son canif, il fit disparaître toute trace d'effraction. Les cachets semblaient être demeurés intacts.

— Maintenant, ajouta-t-il, il ne s'agit que de porter ces billets à leur adresse, et de me faire suivre par l'un des espions de M. Lenoir ; puis ensuite à l'*Enfer* !

Et Saint-Jean, quittant les cuisines et traversant lestement la cour, ouvrit la petite porte qu'il entre-bâilla avec précaution et se glissa dans la rue du Grand-Chantier.

En atteignant l'angle formé par la rencontre de ces deux voix de communication, le valet se retourna à demi et lança un rapide coup d'œil derrière lui. Il eut le temps de remarquer une ombre se détachant du mur de l'hôtel Soubise et se glissant à sa suite.

— Bon, murmura-t-il, Fouquier peut me suivre à son aise, du diable si je l'en empêche !

Et il continua sa marche rapide en se dirigeant vers le Temple. Mais ce que le valet n'avait pu remarquer, c'est qu'au moment où il s'engageait dans la rue du Grand-Chantier, au moment où l'ombre qu'il semblait guetter quittait le mur de l'hôtel Soubise pour s'élancer à sa poursuite, une autre ombre apparaissait subitement au-dessus du mur de l'hôtel de Niorres, et s'élançait d'un bond dans la rue par une manœuvre semblable à celle que nous avons déjà vu pratiquer une fois durant cette soirée et au même endroit.

Saint-Jean n'avait rien entendu ; mais la première ombre qui était encore dans la rue du Chaume se retourna brusquement au bruit léger causé par la chute de la seconde.

— Qui va là ? dit à voix basse l'espion qui paraissait vouloir s'attacher aux traces du valet et qui craignait sans doute d'être assailli par un compagnon de celui-ci.

La seconde ombre ne prononça pas une parole ; mais elle leva dans l'air un poing formidable, lequel s'abbattit soudain sur le visage de l'espion qui, étourdi du coup, alla rouler dans le ruisseau sans proférer un cri.

L'assaillant, sans se préoccuper de sa victime, s'élança à son tour vers la rue du Grand-Chantier, qu'il atteignit assez à temps pour apercevoir Saint-Jean à une courte distance en avant.

Il s'avançait sans faire aucun bruit ; ses pieds étaient nus, et il paraissait avoir une parfaite habitude de cette manière de marcher particulière aux habitants de quelques campagnes et à presque tous les matelots.

Saint-Jean continuait sa route se sachant suivi, mais ignorant que l'espion n'était plus le même que celui qu'il croyait avoir à ses trousses.

XIV

L'ENFER

> Le désir de gagner, qui nuit et jour occupe
> Est un dangereux aiguillon.
> Souvent quoique l'esprit, quoique le cœur est bon,
> On commence par être dupe,
> On finit par être fripon

a dit Mme Deshoulières à propos de la passion du jeu, et il est difficile de mieux peindre en moins de mots ce vice social de toutes les époques.

S'il est vrai de dire que risquer de plein gré, honnêtement, à chances égales, sa propriété, que jouer enfin n'ait rigoureusement rien de contraire au droit naturel, il faut ajouter que le goût du jeu est plein de dangers, car ce goût dégénère rapidement en habitude, cette habitude en passion, et cette passion corrosive est éminemment funeste à la santé et à la fortune, à la morale privée et à la morale publique. Sans repos le jour, sans sommeil la nuit, passant sa vie au milieu d'une atmosphère impure, plongé dans l'oisiveté physique, en proie aux plus violentes excitations morales, le *joueur* perd à la fois son temps, les ressources de son patrimoine, les forces de son corps, les facultés de son esprit.

L'origine de la passion du jeu n'est pas la même chez tous les hommes : ceux-ci sont entraînés par l'appât du gain, ceux-là par un besoin maladif d'émotions. On connaît cet axiome du célèbre Fox :

« Le premier bonheur de la vie est de jouer et de gagner, et le second de jouer et de perdre. »

Il est impossible de confesser avec moins de honte un culte pour un vice dont le résultat est ordinairement la plus abjecte dégradation.

Dans un de nos précédents écrits, nous avons dit ce qu'était à Paris le *jeu*, sous Henri IV. La malheureuse passion de ce roi pour cet amusement immoral n'avait pas peu contribué à donner un funeste exemple. Louis XIV et Louis XV ne furent pas plus sages. On jouait donc, on jouait fort gros jeu à la cour et malheureusement on y *trichait*.

« Personne, dit Saint-Simon, n'était plus au goût du roi que le duc de C..., et n'avait usurpé plus d'autorité dans le monde. Il était très-splendide en tout : grand joueur et ne s'y *piquait pas d'une fidélité bien exacte*. Plusieurs grands seigneurs en usaient de même. »

Les femmes surtout, les dames de la cour, s'abandonnaient au jeu avec une frénésie extraordinaire.

« Elles veulent ruiner leurs maris, dit Montesquieu, et pour y parvenir, elles ont des moyens pour tous les âges, depuis la tendre jeunesse jusqu'à la vieillesse la plus décrépite : les habits et les équipages commencent le dérangement ; la coquetterie l'augmente : le jeu l'achève. J'ai vu souvent neuf ou dix femmes, ou plutôt neuf ou dix siècles rangés autour d'une table : je les ai vues dans leurs espérances, dans leurs craintes, dans leurs joies, surtout dans leurs fureurs : tu aurais été en doute si ceux qu'elles payaient étaient leurs créanciers ou leurs légataires. »

La régularité parfaite des mœurs de Louis XVI et les soins qu'il apportait à réprimer les désordres de sa cour, n'en exclurent pas les vices. On jouait des sommes folles à Versailles et aux Trianons et on avait, pour cet objet, établi des *banquiers* à la cour.

Les sieurs de Chalabre et Poinçot remplissaient ces fonctions. En 1778, pendant le jeu de Marly, un homme de qualité substitua un rouleau de louis faux à un rouleau de louis véritables. Les dames de la cour, à ces jeux, ne se montraient guère plus honnêtes, il paraîtrait, que celles du temps de Louis XIV et de celui de Louis XV.

« On vous friponne bien, Messieurs ! » disait à haute voix aux banquiers, *Madame*, comtesse de Provence et belle-sœur du roi (1).

Ces banquiers, pour obvier aux escroqueries dont ils étaient les dupes, imaginèrent de border la table de jeu d'un ruban et de déclarer que l'on ne regarderait, comme engagé pour chaque coup, que l'argent mis sur les cartes au-delà du ruban.

Sous prétexte de surveiller les nombreux tripots qui pullulaient dans Paris et sous celui plus spécieux de

(1) *Mémoires secrets*, au 18 novembre 1778.

rassembler tous les chevaliers d'industrie et de les reconnaître, M. de Sartines fut le premier qui fit ouvrir, avec autorisation spéciale, ces cavernes séduisantes où la seule loi était, en se demandant la bourse, de ne point s'arracher la vie.

Ce fut en 1775 que le lieutenant de police autorisa l'ouverture de ces maisons de jeux, nommés tout d'abord : *Salons*. Elles s'élevèrent, au commencement, à douze dans Paris. Pour diminuer l'odieux de ces établissements, on ordonna que le produit qui en résulterait serait employé à des œuvres de bienfaisance, et à la fondation de quelques hôpitaux. C'était promettre des aumônes à ceux dont on préparait la ruine. En outre de ces douze salons ouverts tous les jours et toutes les nuits, des femmes obtinrent la permission de donner à jouer deux jours de chaque semaine. Ces repaires privilégiés qui furent d'abord au nombre de quinze, en firent naître immédiatement une foule d'autres qui ne l'étaient pas.

Prohibés en 1778, par arrêt du parlement, ces établissements trouvèrent un refuge dans certaines maisons nobles et même dans les hôtels privilégiés des ambassadeurs où la police ne pouvait exercer son ministère (1).

En 1781, le parlement, de plus en plus ému des désordres occasionnés par ces maisons clandestines, manda à sa barre le lieutenant de police. De beaux discours furent prononcés mais comme il s'agissait de

(1) L'ambassadeur de Venise, à la faveur de son titre de l'inviolabilité de son hôtel, tenait un tripot très productif où les gens de *toutes les classes* étaient admis.

grands personnages, le parlement décida qu'il convoquerait les pairs. Il en résulta, le 20 février 1781, un *arrêt réglementaire* sur lequel le roi se réservant de statuer, rendit, le 1ᵉʳ mars, une *déclaration*. Les maisons de jeux autorisées spécialement et précédemment par le lieutenant de police, furent seules maintenues et on menaça du carcan et du fouet, quiconque violerait les règlements.

Le Palais-Royal, où tout Paris se promenait, devint naturellement le point de toutes les maisons de jeux privilégiées.

La plus célèbre, celle qui s'installa dans la maison de la galerie portant le numéro 113, inspira ce quatrain à un poète critique :

> Il est trois portes à cet antre
> L'espoir, l'infamie, la mort,
> C'est par la première qu'on entre,
> Et par les deux autres qu'on sort !

Chose remarquable : cette maison fut vouée dès sa construction au vice qui a fait sa réputation honteuse. En 1783, alors qu'elle venait seulement d'être achevée, un *salon* scandaleux ouvrait ses portes à tous ceux que la passion du jeu poussait vers le gouffre.

Ce *salon*, hanté par toutes les classes de la société, mais surtout par la plus basse, avait, dès son ouverture, dignement procédé à la réputation que, sous une autre administration, il devait acquérir plus tard. A la tournure, à la mise de la presque totalité des joueurs qui le fréquentaient, on n'eût jamais cru que ces gens eussent quelque chose à perdre. La livrée du lieu était celle de la misère, de la débauche, presque du crime. L'aspect général était repoussant, et cependant, telle est la force de l'engouement, que des hommes de bonnes maisons prenaient un ignoble déguisement pour y venir passer les heures fiévreuses qu'ils consacraient au démon, roi du sanctuaire.

Ce *salon* que l'on ne connaissait pas encore sous la simple dénomination du numéro de la maison où il était situé, s'appelait l'ENFER. Là les jeux favoris étaient le *creps*, le *cavagnole* et le *biribi*.

Les banquiers, par un raffinement de précaution, indiquant leur savoir-faire en fait de ruine publique, avaient eu l'ingénieuse idée de faire établir spécialement, le samedi soir, deux tables de plus de *biribi* et de *creps*. Les ouvriers, touchant leurs salaires ce jour-là, pouvaient plus aisément venir le jeter dans le gouffre.

Le *creps* et le *biribi* surtout étaient à la mode sous le règne d'un roi qui cependant ne jouait jamais.

Le *creps*, aujourd'hui heureusement inconnu, se jouait avec trois dés et un cornet; et l'absence à peu près complète de combinaisons qu'il présentait, le mettait facilement à la portée de tout le monde. Le *biribi*, digne prédécesseur de la roulette qui allait bientôt le détrôner, se jouait au moyen d'un grand tableau divisé en soixante-dix cases avec leurs numéros et un sac qui contenait soixante-quatre petites boules portant des billets numérotés. Chaque joueur tirait à son tour une boule du sac, et, si le numéro répondait à celui de la case sur laquelle il avait mis son argent, le banquier lui payait soixante-quatre fois sa mise.

Le nombre des cases diminué, quelques combinaisons

(telles que *rouge* et *noir*, *pair* et *impair*) rajoutées, et le sac métamorphosé en *roue tournante*, devaient facilement transformer le *biribi* en *roulette*.

Quant au *cavagnole*, apporté de Gênes vers le milieu du XVIII° siècle, il se jouait avec des petits tableaux à cinq cases qui contenaient des figures et des numéros et se rapprochait beaucoup de l'innocent *loto*. Il n'y avait point de banquier et chaque joueur tirait les boules à son tour.

Voltaire dit à propos de ce jeu :

> On croirait que le jeu console :
> Mais l'ennui vient à pas comptés,
> A la table d'un *cavagnole*
> S'asseoir entre deux majestés.

Mais le jeu qui convenait le mieux aux habitués de l'*Enfer* était l'infernal *biribi*. La table supportant les cases, incessamment entourée d'un quadruple rang de têtes avides, et de centaines de mains fiévreuses s'agitant convulsivement sur les rebords graisseux du tapis vert, ruisselait d'or, d'argent, de billets de caisse sous les regards dévorants des intéressés.

A l'heure où nous pénétrons dans l'*Enfer*, les salons étaient remplis d'une foule tumultueuse sacrifiant au démon du jeu. Les deux salles du *biribi* surtout étaient encombrées à ne pouvoir y pénétrer qu'après les plus grands efforts.

Il était alors minuit moins quelques minutes, le jardin était à peu près désert et les arcades peu fréquentées, si ce n'est aux portes des maisons de jeux. Deux hommes traversant le jardin en ligne droite, gagnèrent rapidement l'entrée de l'*Enfer* et gravirent l'escalier conduisant aux *salons* situés au second étage.

— Je vous ai promis de vous faire voir ce qu'il y a de curieux à Paris, dit le plus âgé des deux hommes en s'arrêtant sur le palier. Ouvrez les yeux et les oreilles, mon cher Saint-Just, vous allez contempler un singulier spectacle. Entrons !

Les deux hommes pénétrèrent dans le sanctuaire, mais le second s'arrêta soudain.

— Peste ! fit-il en portant précipitament un flacon à ses narines, où diable sommes-nous, monsieur Danton ?

— Dans l'*Enfer* !

— Et vous dites que nous trouverons-là quelques-uns de vos amis ?

— Sans doute. Ne vous effrayez pas de la livrée du lieu, elle est de mode !

Et comme Saint-Just ouvrait de grands yeux en regardant Danton et que sa physionomie exprimait un étonnement manifeste, l'avocat se mit à rire et fit signe à un jeune homme qu'il venait d'apercevoir dans la foule, de venir vers lui.

Ce jeune homme, âgé d'environ trente ans et doué d'un extérieur assez agréable, avait dans ses allures, dans ses manières, un mélange de distinction et de laisser-aller, d'élégance et de négligence qui sentait le mauvais sujet de médiocre compagnie. Son costume débraillé, mais recherché cependant dans sa coupe et dans son étoffe, avait quelque chose dénotant les habitudes militaires de celui qui les portait.

Sur le signe de Danton, le jeune homme s'avança le poing sur la hanche, le nez au vent et fredonnant à mi-voix ce couplet alors dans toute sa vogue :

De Louvois suivant les leçons,
Je fais des chansons et des dettes ;
Les premières sont sans façons
Et les secondes sont bien faites.
C'est pour échapper à l'ennui
Qu'un homme prudent se dérange ;
Quel bien est solide aujourd'hui ?
Le plus sûr est celui qu'on mange.

— Bravo ! dit Danton. Voilà un véritable échantillon de la morale de l'époque.

Puis se tournant vers Saint-Just :

— Monsieur Barras, ajouta-t-il, capitaine au régiment de Pondichéry et qui a servi sur l'escadre de M. de Suffren. Mon cher Barras, dites donc à M. Saint-Just que la compagnie n'est pas ici aussi mauvaise qu'elle en a l'air.

— Ah ! fit Barras en riant aux éclats, votre jeune ami vient dans l'*Enfer* pour la première fois sans doute. Morbleu ! il faut lui faire faire connaissance avec les princes des démons. Justement la nuit promet d'être charmante. On s'est déjà battu deux fois. Et tenez ! regardez ! voyez-vous ce gaillard qui passe là-bas et qui quitte cette table de *creps* pour aller s'installer à celle du *biribi* ? C'est un capucin déguisé, c'est Chabot qui, il y a six mois, édifiait Rodez par ses vertus.

Et Barras se mit à rire de plus bel.

— Plus loin, reprit-il, j'aperçois Tallien, le clerc de notaire, un garçon qui arrivera. Il est avec Augereau, le maître d'armes et un petit diable blanc et rose qui promet de devenir un héros du lieu. Augereau prétend que c'est un abbé qu'il est en train de défroquer. Il joue, il crie, il jure avec un entrain superbe. Mais entrez donc, Messieurs, continua Barras en engageant du geste Saint-Just et Danton à passer devant lui. Venez dans la seconde salle du *biribi*. C'est là où l'assemblée est la plus nombreuse et la plus choisie. Et tout à l'heure, vous verrez, quel fracas ! On attend Bamboulà !

— Bamboulà ! répéta Saint-Just avec étonnement. Quel singulier nom.

— Est-ce donc un nègre qui le porte ? demanda Danton.

— Non ! répondit Barras. C'est un blanc, l'adversaire le plus heureux et le plus acharné de la banque. Il l'a déjà fait sauter deux fois depuis trois jours.

En ce moment un tumulte effroyable éclata dans le salon dont parlait Barras quelques instants auparavant. C'étaient des cris, des hurlements, des jurons sonores, un bruit enfin à justifier le titre que portait le lieu dans lequel il retentissait.

— Allons voir ! s'écria Barras, en entraînant Danton et Saint-Just.

XV

LES SALLES DE JEU

Le salon du *biribi*, dans lequel s'efforçaient de pénétrer Barras et ses deux compagnons, était plein à regorger d'une foule bruyante, animée, fiévreuse.

En ce moment surtout le tumulte était à son comble : une formidable querelle venait d'éclater subitement à la table de jeu, et le héros de cette scène orageuse n'était autre que le compagnon d'Augereau que venait de désigner Barras, le petit abbé irascible du carrabas de Versailles, qui, ayant mis de côté le costume ecclésiastique, était vêtu en jeune bourgeois de l'époque.

Au dîner qui avait eu lieu chez la mère Lefebvre, Joachim, vivement surexcité par le maître d'armes, avait manifesté nettement le désir de jeter le froc aux orties. Lors de l'arrivée à Paris du carrabas, Joachim, toujours entraîné par Augereau, avait été conduit au Palais-Royal en compagnie de Michel et de Tallien.

Ces messieurs, après quelques tours de promenade dans le jardin, s'étaient mis à courir les cafés.

Tout ce que voyait Joachim étant nouveau pour lui, récemment débarqué dans la capitale, l'émerveillait, l'étonnait, l'éblouissait.

Chaque station dans un établissement différent étant forcément accompagnée d'une consommation nouvelle, les trois jeunes têtes, et celle même plus solide du professeur d'escrime, n'avaient par tardé à subir l'influence des libations répétées, et, sans atteindre les limites de l'ivresse, les quatre compagnons en étaient arrivés à ce sentiment de contentement intérieur qui fait que l'esprit ne connaît plus d'obstacles.

— Allons jouer ! avait dit Tallien.

— Allons jouer ! avait répété Joachim sans se rendre compte de ce qu'il allait faire.

— Mais, fit observer Michel, nous ne pouvons emmener à l'*Enfer* un jeune homme vêtu en abbé.

— Bah ! dit Augereau avec insouciance.

— Non, reprit Michel, il faut qu'il change de costume.

Et Joachim adoptant cet avis, on était entré chez un fripier voisin.

Joachim avait quitté gaiement ses vêtements sévères, et, un échange ayant été conclu avec le marchand, il avait endossé des habits de nuance vive qui lui seyaient à merveille.

— L'enfant ira loin ! avait dit Augereau en admirant la bonne mine de son jeune ami.

— Maintenant, à l'*Enfer* ! s'était écrié Tallien.

Et la troupe joyeuse était partie, bras dessus, bras

dessous, fredonnant les chansons les plus en vogue.

Il était onze heures et demie environ quand ils avaient atteint l'entrée du célèbre établissement. Sur le seuil, ils rencontrèrent Jean et Nicolas. Le garçon teinturier, après avoir été à l'hôtel d'Horbigny avec le jeune soldat, était revenu chez son patron, puis tous deux, ayant pris congé de Bruno, s'étaient rendus au Palais-Royal, et comme l'*Enfer* exerçait sur toute la jeunesse bourgeoise de l'époque un attrait invincible, Jean et Nicolas avaient voulu probablement, avant de rentrer définitivement au logis, venir assister à quelque fiévreuse partie de *biribi* ou de *creps*. Les voyageurs du carrabas se reconnurent au premier coup d'œil, et Nicolas ayant été solennellement présenté par son compagnon, tous avaient franchi le seuil du *salon* renommé.

Parlant haut, criant, gesticulant, les jeunes fous s'étaient frayé un passage au milieu de la foule et avaient fini par atteindre, en dépit de l'encombrement, la grande salle du *biribi*.

Le jeu était alors à l'apogée de son ardeur. Pontes et spectateurs se pressaient à s'étouffer autour du tapis vert. Au moment où les nouveaux arrivants prenaient rang parmi les curieux relégués sur le troisième plan, un joueur se retourna et quitta sa place près de la table. Ce mouvement le mit en présence d'Augereau et de Tallien.

— Tiens! dit le maître d'armes, notre cocher du carrabas! Eh bien! mon brave, la chance a-t-elle été bonne?

— Mauvaise, répondit Fouquier, car c'était lui effectivement. J'ai perdu.

— Eh ! ajouta Augereau, qu'est-ce qu'il vous est donc arrivé ? Vous avez le visage détérioré complètement.

Fouquier devint blême de pâle qu'il était, et un horrible sourire grimaça sur ses lèvres.

— Je me suis laissé tomber de mon siège, dit-il.

Effectivement, le cocher portait sur le haut du visage les traces d'un coup violemment appliqué ; la joue gauche était tuméfiée et le sourcil fendu au-dessus de l'œil.

— Hum ! fit Augereau en riant, voilà une chute qui ressemble furieusement à un coup de poing donné de main de maître.

— Vous vous trompez, dit le cocher, et il se glissa dans la foule.

— Vilaine face de chat-tigre ! murmura Augereau en se retournant pour le suivre des yeux.

Fouquier entrait dans la salle de creps.

Là encore la foule était nombreuse et les joueurs avides et empressés. Fouquier contourna le gros de la foule en suivant la paroi des murailles, et atteignit une fenêtre ouverte donnant sur le jardin. Dans l'embrasure de cette fenêtre causaient à voix basse deux personnages que paraissaient désireux de s'isoler au milieu de cette cohue envahissante. A peine l'un aperçut-il l'agent de M. Lenoir, qu'il fit un signe à son interlocuteur, puis tourna sur ses talons et s'éloigna.

L'autre demeura le coude appuyé sur la grille de la fenêtre, plongeant ses regards dans le jardin, lequel commençait à devenir presque désert. Fouquier vint se placer près de cet homme. Tous deux tournaient le dos à l'intérieur de la salle.

— Eh bien ? dit le premier personnage.
— Rien.
— Quoi !... tu ne l'as pas suivi ?
— Je n'ai pas pu.
— Je t'ai cependant laissé à ton poste, rue du Chaume.
— Oui, monsieur Pick ; mais il est arrivé quelque chose que nous n'avions pu prévoir.
— Qu'est-ce donc ?
— Au moment où, l'œil au guet, je venais de voir sortir par la petite porte de l'hôtel celui que je devais suivre, au moment où j'allais m'élancer sur ses traces, un homme, embusqué d'avance sans doute dans quelque coin obscur, s'est élancé sur moi et m'a terrassé.
— Cet homme, l'as-tu vu ?
— Non ; j'ai senti un choc violent sur la tête, je suis tombé ; le coup était tellement rude que ma vue a été brouillée pendant plus d'une minute, et quand je suis revenu à moi, la rue était déserte.
— Imbécile ! murmura M. Pick.

Puis, reprenant à haute voix mais de façon cependant à ce que ses paroles ne pussent être entendues d'un autre que son interlocuteur :

— Alors, dit-il, tu as perdu ton temps ?
— Ce n'est pas ma faute, répondit l'agent en sous-ordre.

M. Pick fit un geste d'impatience.

— Qu'as-tu fait ensuite ? reprit-il après un léger silence.
— Bien certain que j'avais perdu la piste, je suis venu ici vous avertir. En vous attendant, j'ai joué, j'ai

perdu, mais en quittant le *biribi*, j'ai aperçu le garçon de Bernard et le jeune soldat qui, avec l'étudiant, a juré au teinturier de l'aider à retrouver sa fille.

— Ah! fit M. Pick avec un intérêt marqué, les deux jeunes gens sont ici?

— Dans le salon voisin.

— Très bien. As-tu vu Jacquet?

— Oui, ce soir avant d'aller rue du Chaume.

M. Pick prit dans la poche de son habit un petit carton de forme oblongue, assez semblable à ces cachets de leçon dont se servaient jadis les professeurs.

Ce carton, de couleur jaunâtre, ne portait aucune trace de caractère soit imprimé, soit écrit à la main. M. Pick le déchira avec précaution en formant une découpure bizarre, puis le glissant dans la main de son compagnon :

— Rue d'Argenteuil, numéro 3, dit-il : une porte verte ; il y a une fente au-dessus du marteau. Tu glisseras ce carton dans la fente ; va vite!

Fouquier-Tinville, faisant signe qu'il avait compris, s'esquiva rapidement, et lorsque M. Pick fût certain que l'agent avait quitté la maison de jeu, il reprit, à la fenêtre, la place qu'il avait occupée.

Le personnage, qui avait disparu quand Fouquier était entré dans la salle du *creps*, revenait à pas lents vers la fenêtre toujours demeurée ouverte.

Ce personnage, c'était Saint-Jean, le valet ce chambre de M. de Niorres. Quand il eut repris position auprès de M. Pick :

— Vous aviez raison, dit celui-ci à voix basse, ce n'est pas Fouquier qui vous a suivi.

— J'en étais certain, répondit Saint-Jean.

— Un homme embusqué l'a terrassé au moment où, suivant mes instructions, il allait s'élancer sur vos traces, et c'est probablement cet homme qui s'est acharné à vos pas.

— Mais celui-là, qui est-il ?

— Je ne sais ; Fouquier n'a pu le voir. Avez-vous quelques indices ?

— Aucun. Convaincu que c'était Fouquier qui m'espionnait, je n'ai même pas tourné la tête pour ne point l'inquiéter. Ce n'est qu'une fois arrivé à la demeure des deux jeunes gens, et après leur avoir remis les deux lettres (il y a de cela une demi-heure à peine), qu'en redescendant dans la rue j'ai compris, par l'ombre que projetait le corps de celui qui m'attendait, que celui-là ne devait pas être Fouquier. J'ai voulu ruser pour savoir à qui j'avais affaire, mais j'ai perdu mon temps. En quittant la rue Louis-le Grand, je n'étais plus suivi. Qu'était devenu l'homme ? je n'ai pu le deviner. Des recherches trop minutieuses pouvaient offrir un danger ; j'y ai renoncé ; mais il faut absolument savoir quel il est. Est-ce un espion du conseiller ?

— Peut-être.

— Tant mieux, Pick, si cela est. La partie n'en est que plus belle. En attendant, ouvre l'œil !

Pick fit un geste d'assentiment.

— Jean et Nicolas sont là, reprit-il après un silence et en désignant la salle du *biribi*.

— Ah ! ah ! fit Saint-Jean en réfléchissant ; cela est bon à savoir.

— Et Jacquet ? reprit M. Pick en baissant la voix.

— Jacquet joue double jeu, répondit Saint-Jean. Il est pour nous et contre nous.

— Que faut-il faire, alors?

— S'en servir adroitement; puis le moment venu...

Saint-Jean ne compléta pas sa pensée par la parole; mais le regard qu'il adressa à l'agent de police acheva clairement sa phrase.

— Bamboulà n'est pas arrivé? dit-il ensuite en se retournant un peu vers le salon.

— Pas encore.

— Je vais l'attendre; je n'ai plus besoin de vous, Pick. Songez seulement à l'homme en question. Georges est à l'hôtel; il pourra vous renseigner, si c'est un espion du conseiller. Cette nuit, à l'heure et au lieu ordinaires.

Et Saint-Jean, sans attendre une réponse, quitta l'agent de police et passa dans le salon du *biribi*. Ce moment correspondait avec celui où Danton, appelant Barras, présentait Saint-Just au jeune officier.

Depuis qu'il se trouvait en présence de la foule des joueurs qui faisaient rouler l'or et l'argent sur le tapis vert, Joachim jetait autour de lui des regards effarés, et une émotion fiévreuse faisait circuler rapidement le sang dans ses artères.

— Si nous jouions! dit-il tout à coup.

— Bah! dit Augereau en riant; votre caractère sacré, monsieur l'abbé...

— Morbleu! interrompit violemment Joachim; combien de fois faut-il vous répéter que je ne suis pas abbé, que je ne l'ai jamais été que je ne le serai jamais!

— C'est donc décidé, bien décidé? plus de soutane?

— J'endosse l'uniforme.

— Tapez-là ; c'est dit !

— C'est dit ; demain je m'enrôle !

Et Joachim serra énergiquement la main de son interlocuteur.

— Bravo ! ajouta Nicolas en riant ; et toi, Jean, n'es-tu pas tenté ?

Jean secoua doucement la tête.

— Je me ferais bien soldat, répondit-il, car j'aime le métier, je le sens ; mais je sens aussi que je ne pourrais jamais quitter maître Bernard et sa femme dans l'état de désolation où ils se trouvent.

— J'ai remué tout Paris sans rien trouver ! dit Nicolas avec un soupir.

— Faut-il donc que les pauvres gens désespèrent ? demanda Augereau avec intérêt.

— Je n'en sais rien, fit Jean ; je les ai laissés, en quittant la maison, avec un homme qui paraissait vouloir se mêler activement de toute cette malheureuse affaire.

— Qui donc ? demanda Michel.

— Un Monsieur qui a voyagé avec nous aujourd'hui ; un ami de maître Danton, M. Fouché.

Deux joueurs qui venaient de quitter la table passaient alors près du petit groupe. L'un d'eux, en entendant prononcer le nom de Fouché, tressaillit visiblement.

C'était celui que Barras avait désigné à Danton et à Saint-Just pour un capucin à demi défroqué. Il l'avait appelé Chabot.

— Fouché, répéta Chabot à voix basse en se penchant vers son compagnon ; n'est-ce pas un oratorien comme vous, mon cher Joseph Lebon ?

— Oui, répondit le second personnage ; il est professeur à Juilly.

— Vous le connaissez ?

— Assez pour vous présenter à lui, si vous le désirez.

— Cela me ferait grand plaisir. J'ai à lui parler au sujet d'une certaine affaire dont, m'écrit-on, il s'est chargé.

— Demain nous irons chez lui.

Les deux hommes passèrent, heurtant du coude Saint-Jean qui paraissait être fort absorbé par la contemplation du jeu.

— Ainsi, avait repris Michel en s'adressant à Nicolas, vous renoncez à l'espoir de retrouver la pauvre enfant ?

— Je n'y renonce pas plus que Brune, répondit le jeune soldat ; et, d'après ce qui s'est passé ce soir, je crois, au contraire, que nous réussirons enfin dans nos recherches.

— Comment ? demanda Augereau.

— Brune a assisté ce soir à la conversation qui a eu lieu chez Bernard. M. Fouché prétend que la *Jolie mignonne* existe encore et qu'il sait où elle est. Il veut l'aller chercher, et comme il faut avec lui quelqu'un ayant connu l'enfant et pouvant se faire reconnaître de lui, il a proposé à Brune de l'accompagner.

— Bravo ! dit Michel.

— Seulement, continua Nicolas, il y a un obstacle à l'exécution de ce projet.

— Lequel ! demanda Joachim avec vivacité.
— Manque d'argent.

Les différents personnages composant le petit groupe se regardèrent mutuellement. Chacun d'eux comprenait parfaitement la situation, car tous étaient pauvres.

— Brune n'a rien ni moi non plus, continua le jeune soldat. Ce pauvre Bernard a si fort dépensé pour les recherches qu'il a fait faire depuis quinze jours, qu'il doit de tous les côtés. Le peu qu'il possède est même engagé.

— C'est vrai, dit Jean avec un soupir.

— Et, comme il s'agit d'un voyage long et dispendieux, l'argent est d'abord nécessaire.

— Mais M. Fouché peut vous aider, dit Michel.

— Cela est difficile à demander, répondit Nicolas ; et qui sait si une pareille confidence ne refroidirait pas la bienveillance qu'il témoigne. Et cependant il faut partir demain et il faut bien cinq cents livres.

— Comment ferez-vous ?

— Voilà l'embarrassant. Pour ne pas affliger maître Bernard et sa femme, Brune ne leur a rien dit. Tout à l'heure lorsque nous nous creusions la tête pour chercher un moyen, une idée m'est venue. Est-elle bonne ? voilà toute la question.

— Qu'est-ce que c'est ? demanda Augereau.

— Brune possédait trois écus, moi un, cela faisait quatre, Jean en a donné deux, tout son bien, cela fait six. Il a été convenu que je risquerais au *birbi* ces six écus, notre avoir à tous trois, jusqu'à ce que j'aie gagné la somme nécessaire.

— Bonne idée ! s'écria Augereau ; vous gagnerez !

— Eh mais, ajouta vivement Michel, si nous vidions tous nos poches pour augmenter la mise.

— Cela va, dit Joachim ; voilà sept livres, c'est ce qui me reste.

— En voici douze, reprit Michel.

— En voilà deux, dit piteusement Augereau.

— Et toi, Tallien ?

— Trois écus ; répondit celui-ci.

— Total général : seize écus ! Une fortune ! proclama Michel. Nous ferons sauter la banque.

— Autre idée et plus lumineuse encore ! s'écria le maître d'armes : pour nous assurer la chance, que l'enfant joue pour nous tous.

Et il désigna Joachim.

— Moi ? dit celui-ci.

— Eh sans doute ? vous n'avez jamais joué. Aux innocents les mains pleines ? D'ailleurs, on gagne toujours la première fois que l'on joue ; c'est comme cela !

— Oui ! oui ! jouez pour nous, dirent à la fois Jean, Nicolas et Tallien.

Joachim prit l'argent, et, rougissant d'émotion, il s'approcha de la table.

Saint-Jean s'effaça poliment pour le laisser passer ainsi que ses compagnons.

— Je ne connais pas les règles, dit Joachim en hésitant.

— Raison de plus ; jouez au hasard, répondit Michel.

Joachim prit un écu et le jeta sur la table ; il perdit.

— Bah ! dit Augereau, le premier coup ne signifie rien ! Continuez ! Hardi ! N'ayez pas peur !

Joachim mit deux écus sur un numéro. Le numéro

ne sortit pas. Les jeunes gens se regardèrent avec découragement. Saint-Jean souriait.

— Mettez-en quatre ! dit Michel avec impatience.

Joachim obéit. Il perdit encore. La moitié de la petite fortune était déjà engloutie dans l'abîme. Joachim devint rouge comme un coquelicot, et, saisissant huit écus sur les neuf qui lui restaient, les lança sur la table. Le banquier appela le numéro gagnant ; le fatal râteau ramassa les huit écus.

De rouge qu'il était, Joachim était devenu pâle comme une statue de marbre. Ses compagnons baissaient la tête avec stupeur.

Le jeune homme, la main frémissante, plaça son dernier écu sur le numéro 32. Tous ces jeunes cœurs palpitaient violemment ; l'angoisse de l'attente se peignait dans tous les regards, les mains s'étreignaient fiévreusement...

Le banquier remua le sac et y plongea sa main. Saint-Jean souriait toujours.

— Trente-deux ! proclama le banquier.

Joachim était muet de saisissement. L'un des croupiers placés près du banquier prit soixante-quatre écus et les poussa devant le joueur gagnant.

— Est-ce assez ? demanda Joachim.

— Non ! dit Nicolas. Il en faut presque encore autant. Jouez toujours ; la chance nous vient !

Saint-Jean ne souriait plus. Quittant son poste d'observation près des jeunes gens, il se glissa doucement jusque derrière la chaise du banquier. Joachim continuait à jouer : le banquier remuait le sac.

Saint-Jean se baissa rapidement tandis que les croupiers faisaient faire le jeu, et parla vivement à l'oreille du banquier. Celui-ci tourna légèrement la tête, fixa ses regards sur Joachim, cligna ses petits yeux et appela le numéro sortant.

Joachim perdit; mais comme il possédait soixante-cinq écus et qu'il n'en avait risqué que cinq, la perte était insignifiante.

Pressé par ses compagnons, il continua; mais la bonne chance paraissait l'avoir complètement abandonné. A chaque coup qu'il risquait, il voyait sa mise aller s'enfuir dans les sébiles de la banque.

Une nouvelle émotion assaillait de nouveau les jeunes gens; cependant ils ne désespéraient pas encore. Peu à peu l'influence pernicieuse du jeu s'emparait de l'esprit de Joachim. Son front devenait brûlant, ses regards se fixaient, sans changer de direction, sur ce tapis vert qu'il contemplait ce soir-là pour la première fois, ses mains tremblaient, sa raison s'égarait.

A chaque coup qu'il perdait, la respiration devenait plus embarrassée. Bientôt il n'eut plus devant lui que dix écus.

Avant que ses compagnons ne pussent s'opposer à son dessein, il saisit les dix pièces et les jeta sur la case portant le numéro 32, sur laquelle il s'acharnait depuis un moment.

— Les jeux sont faits! dirent les croupiers.

Joachim se pencha avidemment vers le banquier. Celui-ci retirait du sac un numéro.

— Vingt-cinq! proclama-t-il.

— Voleur! hurla Joachim avec rage. Il a rejeté un second numéro, et c'était le mien.

— Vous vous trompez, Monsieur, dit froidement un croupier.

Mais Joachim était certain d'avoir vu une manœuvre frauduleuse. Sa colère était effrayante.

— Voleur! répéta-t-il d'une voix stridente, mon argent!

— Silence! cria le banquier.

— Brigand! canaille! mon argent! Tu m'as volé! dit Joachim avec une véhémence extrême.

— Je vous dis, moi, que le coup a été bon! répondit le banquier interpellé par Joachim.

— Tu en as menti, drôle! J'avais gagné! tu as changé les boules!

— Vous vous trompez!

— Ah! tu soutiens ton infamie, eh bien! tiens!

Et Joachim, arrachant le sac contenant les numéros, le lança à la tête du banquier. Celui-ci fut frappé en plein visage, tant l'action avait été vive et le coup bien dirigé, et les boules, s'échappant de tous côtés, roulèrent au loin.

— A la porte! crièrent plusieurs voix.

— Et qui donc se charge de m'y mettre? s'écria fièrement Joachim en se redressant comme un jeune coq.

— L'enfant est superbe! dit Augereau. Hardi mon fils! On nous a trompés, et l'on mettra flamberge au vent s'il le faut!

— Chaumette est blessé! dit un homme en désignant le banquier, dont la figure avait été meurtrie assez rudement par les boules.

— A moi, Hébert! à moi, Maillard! cria Chaumette

en se levant pour s'élancer sur Joachim. A moi, Henriot !

— Minute ! fit Augereau en s'interposant bravement entre son jeune compagnon et les agresseurs.

— Laissez-les ! laissez-les ! cria Joachim en gesticulant de plus belle et en bondissant sur Chaumette qu'il étreignit à la gorge.

— Le jeu ! le jeu ! hurlait la foule impatientée par cette interruption forcée dans la partie.

— Voulez-vous demeurer en repos, canailles ! cria le maître d'armes en écartant à l'aide de deux coups de poing vigoureusement appliqués Hébert et Henriot, qui s'efforçaient de secourir Chaumette.

— A la porte ! à la porte ! continuaient les spectateurs.

La scène que nous venons de décrire s'était accomplie si rapidement, l'action de Joachim et celle des croupiers avaient été si vives que personne, pas même les compagnons du jeune joueur et du maître d'armes, n'avaient encore pu y prendre part. Michel, Jean et Nicolas, revenus de leur étonnement et de la douleur que leur avait causé le coup perdu, s'élancèrent en même temps.

— Cassons tout ! criait Michel dont les yeux flamboyaient, et dont la physionomie mobile prenait l'expression de la face du lion en présence du danger. On nous a volés ! Notre argent !

— Assommons les croupiers ! hurla Jean en s'emparant d'un tabouret.

Nicolas ne dit rien, mais, arrachant le râteau que tenait encore Henriot, il le lui cassa sur le crâne. Ce fut le signal : Michel, Jean, Joachim et Augereau se mirent en avant ; mais, soit résultat d'un plan combiné, soit par suite d'un mouvement naturel de la foule excitée, un flot de joueurs, poussé brusquement, sépara complètement les assaillants.

Augereau et Joachim, pris entre ce flot et la table, demeurèrent seuls en présence de Chaumette et de ses acolytes. Jean, Michel et Nicolas, entraînés, poussés, emportés, furent rejetés au loin sans que cependant ils pussent accuser d'une attaque préméditée aucun de ceux qui les bousculaient ainsi, et qui ne paraissaient eux-mêmes qu'obéir aux lois d'une pression plus forte dont ils étaient victimes.

Le tumulte était à son comble. Chaumette, Maillard, Henriot, Hébert et plusieurs autres estimables employés de l'*Enfer*, s'épuisaient en cris, en menaces et en blasphèmes, injuriant les deux hommes et essayant de faire un mauvais parti à Augereau et à son jeune ami, mais ils avaient en face d'eux des adversaires sur lesquels l'intimidation n'avait aucune prise.

Joachim, emporté par la fureur, ressemblait à un jeune tigre à son premier combat, et le maître d'armes, calme encore et confiant dans sa force, lui prêtait l'appui le plus énergique.

Les tabourets, les chaises et les râteaux avaient été pris par chacun pour armes offensives, et la bataille menaçait de s'engager sérieusement.

Tallien, faisant un pas en arrière, s'était tenu prudemment à l'écart ; la foule faisait cercle ; les clameurs retentissaient de toutes parts. Augereau et Joachim présentaient toujours la contenance la plus décidée, mais cependant le nombre devait certes l'emporter sur la valeur, lorsqu'une trouée se fit dans les rangs serrés des spectateurs et un secours arriva aux deux joueurs.

Jean, Michel et Nicolas, furieux de se voir entraînés, étaient parvenus enfin à résister à l'élan de la foule, et écartant violemment tout ce qui s'opposait à leur passage, ils s'étaient de nouveau élancés, avec une rage décuplant leurs forces, à l'aide de leurs amis menacés. Aussitôt les choses changèrent d'aspect : les employés du *biribi*, intimidés par ce renfort survenant si fort à propos, opèrent un mouvement de recul.

En ce moment, un bruit nouveau, mais d'un caractère tout différent, éclata dans le précédent salon, puis un nom courut sur toutes les lèvres.

— Bamboulà ! Bamboulà ! répétait-on.

— La banque ! au jeu ! cria-t-on autour des combattants demeurés un instant indécis.

— Bamboulà ! répéta Chaumette. Vite les boules ! ramassez les boules !

Puis, se retournant vers Joachim :

— Je te retrouverai ! ajouta-t-il d'un ton menaçant.

— Quand vous voudrez ! répondit le compagnon d'Augereau sans baisser son regard étincelant.

Hébert, Henriot et Maillard s'étaient précipités pour recueillir les boules numérotées éparpillées si rudement par l'adversaire de Chaumette, et ils procédèrent immédiatement et minutieusement au comptage.

Chaumette avait repris sa place au centre de la table entre deux autres banquiers, lesquels ayant en face d'eux les sébiles pleines d'or, d'écus, de rouleaux et de billets de caisse formant la fortune de la banque, n'avaient point quitté leurs sièges, et, ne prenant aucune part à la scène qui venait d'avoir lieu, avaient continué à veiller sur leur précieux dépôt. Séparés de leurs ennemis par une barrière composée d'un quadruple rang de spectateurs, peu soucieux de voir troubler encore leurs plaisirs, Augereau, Joachim et leurs compagnons étaient loin, cependant, de sentir diminuer la colère qui les animait.

A la douleur de perdre un argent destiné à une bonne action, se joignait la rage d'avoir été si impudemment volés. La soif de la vengeance faisait fermenter vigoureusement ces jeunes cerveaux, et à voir l'animation extrême de tous ces visages rouges d'émotion, il était facile de penser que la chose n'était pas terminée pour MM. les croupiers.

— Allons chercher des armes ! proposa Joachim.
— Massacrons ces brigands ! cria Nicolas.
— Mettons le feu à la boutique ! hurla Augereau.
— Nous laisserons-nous donc voler ainsi sans tordre le cou à ces canailles ! ajouta Jean en frappant violemment le parquet.

Depuis le commencement du tumulte, Saint-Jean s'était tenu à l'écart, mais il n'en avait pas moins veillé sur les jeunes gens trompés avec une sollicitude des plus vive.

Lorsque l'annonce de l'arrivée du célèbre joueur Bamboulà avait interrompu la scène et que les croupiers avaient repris leurs places, Saint-Jean laissant la galerie se reformer autour de la table de jeu, s'était rapproché du groupe furieux. Il n'avait pas perdu un mot de ce qui s'était dit. Jugeant sans doute à l'animation des jeunes gens qu'ils allaient se laisser emporter par la violence des sentiments qui les agitaient, il vint se placer entre eux et la foule des joueurs.

— Messieurs, dit-il en saluant fort poliment, voulez-vous me permettre de vous donner un bon conseil !

— Hein ? fit Michel en se retournant.

— Qu'est-ce que vous voulez ? De quoi vous mêlez-vous ? cria Augereau en s'avançant. Est-ce que vous allez prendre la défense de ces canailles-là ?

— Bien au contraire, Monsieur, répondit Saint-Jean, car je sais que vous avez parfaitement raison. J'ai vu, comme vous, que le banquier faisait filer une boule !

— Quand je l'affirmais ! s'écria Joachim.

— Monsieur nous servira de témoin ! ajouta Nicolas.

— Bien volontiers, dit Saint-Jean de sa voix la plus insinuante, mais permettez-moi de vous faire observer que mon témoignage ne pourra vous être bien utile, car il sera seul. J'étais placé derrière le fauteuil du banquier, j'ai donc pu voir la fausse manœuvre, mais les autres joueurs ne l'ont pas vue. Si le coup vous a fait perdre, il en a fait gagner d'autres : ceux-ci jureront que le banquier a agi loyalement. La majorité sera du même avis, donc...

— Ainsi, interrompit Joachim avec emportement, il faut se laisser voler et se taire !

Saint-Jean fit un geste affirmatif.

— Que voulez-vous ? ajouta-t-il. J'en ai vu plus d'un dans votre situation, volé et voulant se plaindre. Qu'en est-il résulté ? Aucune preuve n'existait contre la banque, et l'on a dit au joueur trompé : Pourquoi allez-vous dans ces sortes de maison ! C'est là l'argument sans réplique qui fait la force de ces terribles tripots. Personne n'ose se plaindre parce que pour se plaindre il faut avouer d'abord que l'on hante de mauvais lieux. Voyez par vous-mêmes ! Quel est celui de vous qui voudra aller en justice ? Ce soir la colère vous aveugle, mais demain quel regret auriez-vous d'une action qui révélerait à vos familles, à vos amis, à ceux dont dépend enfin votre avenir, que vous avez passé la nuit à l'*Enfer* et que vous y avez eu maille à partir avec les croupiers.

Les jeunes gens s'entre-regardèrent. Saint-Jean avait parfaitement raison : tous le comprenaient. La crainte de la honte faisait taire le sentiment de la colère dans ces cœurs honnêtes.

— Ah ! dit Jean avec une expression de physionomie profondément chagrine, s'il ne s'agissait que d'une perte ordinaire.

— Que dira Brune ? murmura Nicolas.

— M. Brune vous dira merci quand vous m'aurez écouté et que vous lui aurez répété mes paroles, dit Saint-Jean en souriant.

— Plaît-il ? fit Nicolas, tandis que les regards étonnés de ses amis s'attachaient sur Saint-Jean.

Celui-ci sourit encore, mais de l'air le plus bienveillant.

— Pardonnez à un vieux curieux en raison de sa bonne intention, reprit-il. Tout à l'heure avant que vous jouiez, j'étais près de vous, et, comme vous parliez à haute voix, j'ai involontairement entendu le sujet de votre conversation. Les généreuses intentions qui vous poussaient à jouer m'ont d'autant plus ému que l'histoire de la *jolie mignonne* ne m'est pas indifférente.

— Vous connaissez maître Bernard? demanda Jean.

— Pas personnellement, mais j'en ai beaucoup entendu parler. M. le comte de Sommes daigne avoir pour moi quelques bontés. Or, M. le comte est fiancé à la belle marquise d'Horbigny...

— Une cliente du patron, interrompit Jean. J'ai été chez elle ce soir.

— Eh bien! continua Saint-Jean, la marquise s'intéresse prodigieusement à maître Bernard, et comme le comte adore la marquise qui va bientôt devenir sa femme, il s'occupe fort de la recherche de la *jolie mignonne*. Cela se comprend facilement.

— Tiens! tiens! tiens! dit Augereau en souriant. Voyez comme on se rencontre.

— Savez-vous ce que vous allez faire? reprit Saint-Jean en s'adressant à Nicolas et à Jean. Vous allez oublier cette vilaine tromperie de la banque, et si vous y consentez, demain matin M. le comte de Sommes vous prêtera obligeamment l'argent dont M. Brune a besoin pour voyager.

Les jeunes gens se regardèrent encore. Ils hésitaient à répondre, tant cette proposition inattendue les surprenait.

— Vous n'avez pas le droit de refuser, dit Saint-Jean d'une voix grave. Je suis de beaucoup plus âgé que vous tous, mes cheveux sont blancs sous la poudre qui les couvre et mon expérience du monde m'autorise à vous parler comme je le fais. Le comte, je m'en porte garant, sera très heureux de vous rendre ce service et d'être pour quelque chose dans la réussite de cette aventure. D'ailleurs il est puissant, c'est l'ami de Son Altesse Monseigneur le duc de Chartres ; il peut donner des recommandations influentes. Puis, songez-y ! vous n'aurez pas l'humiliation de demander... je vous offre en son nom... Allons ! est-ce dit ?

— Ma foi !... dit Jean en se grattant l'oreille. Qu'en pensez-vous, Nicolas ?

— Mais il me semble...

— Acceptez ! interrompit Saint-Jean. Venez demain matin à l'hôtel d'Horbigny. Vous y trouverez M. le comte à l'heure de la toilette de la marquise. Je lui aurai parlé, il sera prévenu et il vous accueillera comme vous le méritez...

— Au fait ! dit Michel, si le comte de Sommes veut prendre sa part d'une bonne action, on n'a pas le droit de le repousser.

— Refuser serait offenser la Providence qui nous vient si évidemment en aide, ajouta Jean. Pour moi, j'accepte !

— C'est dit ! fit Nicolas en frappant dans la main de Saint-Jean.

Celui-ci laissa échapper de ses lèvres un soupir de satisfaction, comme s'il venait d'accomplir une tâche difficile.

XIII

BAMBOULA

Tandis que Saint-Jean parvenait à calmer la colère des jeunes gens et leur faisait oublier le chagrin causé par la perte de l'argent destiné à venir en aide aux malheureux parents de l'enfant perdu, le jeu avait repris avec une ardeur nouvelle.

— Bamboulà ! Bamboulà ! avait-on crié de toutes parts, au moment où les croupiers avaient regagné leurs sièges.

Et la foule, agitée par un sentiment qui paraissait l'impressionner au plus haut point, répétait toujours le nom étrange que quelques voix avaient prononcé.

— Venez ! dit à Danton et à Saint-Just Barras qui s'était fait le cicérone de l'*Enfer* au profit de l'avocat et de son jeune compagnon. Vous allez voir jouer le plus hardi des adversaires de la banque. C'est en ce moment le héros de l'*Enfer* ! Le drôle a effectivement une manière de jouer qui n'appartient qu'à lui.

Barras entraînant ses compagnons, s'approcha de la table du *biribi*. Chaumette frappa le tapis vert avec le manche du râteau qu'il venait de saisir et qu'il tenait aussi majestueusement qu'un roi eût porté son sceptre.

— Messieurs ! faites vos jeux ! proclama-t-il d'une voix sonore.

Un mouvement se fit en face du principal banquier ; les rangs s'écartèrent et un personnage s'avança. Un léger silence se fit et tous les regards se portèrent sur le nouveau venu.

Ce personnage, si évidemment important parmi les habitués de l'*Enfer*, était un homme pouvant avoir vingt-sept à vingt-huit ans, de taille au-dessus de la moyenne et d'une corpulence ordinaire. Ses cheveux, sans poudre, étaient roux : ses sourcils et ses cils de nuance plus pâle. Une longue cicatrice, provenant sans doute d'une blessure, jadis reçue au visage, partait de la racine des cheveux, séparait le front en deux jusqu'à la naissance du nez, et descendait sur la joue gauche jusqu'à la hauteur des lèvres. Cette épouvantable balafre devait défigurer complètement celui qui la portait. Aussi, soit par coquetterie et dans l'intention de dissimuler le plus possible cette cicatrice désagréable, soit par négligence et par insouciance des habitudes de l'époque, le nouveau venu avait, en dépit de la mode, sa chevelure inculte rabattue sur le front et d'énormes moustaches rousses, se profilant au-dessus de sa lèvre supérieure, menaçaient d'aller rejoindre chacune de ses oreilles.

Ce personnage n'était autre que le fameux Bamboulà dont le nom était devenu célèbre depuis quelque temps parmi les joueurs. Bamboulà, effectivement, était non-seulement l'un des plus assidus habitués du tripot, mais encore l'adversaire le plus hardi et le plus heureux de la banque, ainsi que l'avait dit Barras.

Il risquait chaque soir des sommes folles et chaque soir le hasard lui était favorable.

Quel était cet homme? D'où venait-il? Où allait-il? Voilà ce que chacun ignorait, et, il faut le dire, ce qui n'importait à personne. Bamboulà était un grand joueur : à ce seul titre il était connu de tout le public de l'*Enfer*, mais une fois hors de la maison de jeu, aucun de ceux dont il venait d'accaparer l'attention durant plusieurs heures, ne songeait à s'enquérir de ce qu'il était dans la vie privée.

Une fois arrivé devant la table du *biribi*, Bamboulà prit un siège, s'installa le plus convenablement possible et, tirant de sa poche une poignée d'or et une pincée de billets de caisse, il plaça le tout sur le tapis vert. Chacun se pressait autour de lui. Chaumette et ses acolytes suivaient d'un œil attentif tous les mouvements de l'ennemi.

— Messieurs! faites vos jeux! dit une seconde fois le banquier.

Bamboulà, qui n'avait pas encore prononcé une parole, jeta négligemment au hasard un double louis sur la table. La pièce d'or roula sur elle-même, décrivit deux ou trois cercles et s'abattit à plat sur la case portant le numéro 27.

— Les jeux sont faits! continua le banquier en secouant le sac contenant les numéros. Les autres *pontes* s'empressèrent de couvrir d'or et d'argent le tapis vert.

Le banquier plongea la main dans le sac, le secoua encore et retira une boule. Le silence de l'attente régnait dans le salon, on n'entendait plus que le bruit de toutes ces respirations s'échappant de poitrines oppressées...

— Vingt-sept ! proclama le banquier.

Un frémissement parcourut l'assemblée, puis un même cri s'échappa de toutes les bouches : Bamboulà avait gagné.

Chaumette prit une poignée de louis dans une sébile placée devant lui, en fit deux piles de soixante-quatre louis chaque et, les poussant toutes deux avec son râteau, il les conduisit en face de l'heureux joueur. Les piles s'abattirent doucement. Le visage de Bamboulà n'exprimait pas la plus légère émotion.

— Faites vos jeux, Messieurs ! reprit le banquier de ce ton nasillard particulier à tous les croupiers de toutes les époques.

La partie recommença. Bamboulà, toujours conservant un mutisme absolu, continua à tenter la chance et celle-ci lui fut encore favorable. Bientôt un véritable monceau d'or s'éleva devant le singulier personnage, sans qu'aucun muscle de sa figure n'eût éprouvé le plus léger tressaillement. On eût dit un automate, habilement machiné.

La fortune de la banque, bien qu'alimentée par les pertes des autres joueurs, s'amoindrissait cependant à vue d'œil.

— Il fera encore sauter la banque ! murmurait-on de tous côtés.

En ce moment, le quart après minuit sonna à l'horloge du palais. Bamboulà leva les yeux avec une indifférence affectée et parcourut du regard les rangs de la foule amassée en face de lui, derrière les sièges des banquiers. Au-dessus de la tête de Chaumette, apparaissait le buste d'un homme qui, les deux mains appuyées sur le dossier du fauteuil du banquier, le corps légèrement penché en avant dardait ses prunelles pâles sur l'heureux Bamboulà. A peine celui-ci rencontra-t-il ce regard rivé sur lui, qu'il porta l'index de sa main gauche à son œil droit et se frotta doucement la paupière.

L'homme placé derrière Chaumette n'était autre que Saint-Jean, qui venait de quitter Jean et ses compagnons, avec promesse de se trouver le lendemain à l'hôtel d'Horbigny, pour recevoir Nicolas et Brune, lesquels devaient s'y rendre afin de voir le comte.

Bamboulà prit un louis, et, au lieu de le laisser rouler au hasard sur les cases, comme il avait fait pour ses enjeux précédents, il le plaça nettement sur le numéro 5, Saint-Jean jeta immédiatement un écu de trois livres sur le même numéro.

Le banquier amena le numéro 7. C'était la première fois de la soirée, depuis qu'il jouait au *biribi*, que Bamboulà perdait.

Cet abandon de la chance favorable causa une vive émotion parmi les autres *pontes* et parmi les spectateurs. Bamboulà ramassa l'or et les billets amoncelés devant lui, mit dans ses poches les louis et les billets et se leva pour quitter la table.

— Il a peur ! dirent les uns.
— Il veut se reposer, dirent les autres.
— Il va jouer à l'autre table ! ajoutèrent quelques voix.

Bamboulà demeurait debout, devant le tapis vert, et faisant sauter deux double-louis dans sa main. Hébert et Henriot étaient assis aux deux extrémités opposées de la table, faisant, leur râteau à la main, l'office de croupiers. Chaumette remua le sac ; Bamboulà jeta une pièce à droite et l'autre à gauche. Chacune alla rouler devant chacun des deux croupiers.

— Faut-il placer ? demanda Henriot.

Le joueur fit signe que oui.

Les croupiers placèrent les double-louis, chacun sur une case portant un numéro différent, mais posés immédiatement devant eux, Bamboulà fit un clignement d'yeux décelant sa satisfaction et se recula d'un pas.

Chaumette tira la boule : Bamboulà avait perdu cette fois encore.

Quant à Saint-Jean, il s'était éclipsé derrière la foule entourant la table.

Un grand mouvement pareil à celui qui avait accueilli son entrée, accompagna la sortie de l'heureux adversaire de la banque. La foule, pensant que Bamboulà allait s'asseoir à l'autre table, reflua vers le second salon, et le trop-plein de celui-ci se répandit dans le premier.

— Tiens ! dit tout à coup Augereau en se retournant. Voilà encore un de nos compagnons du carrabas ; celui qui a dîné avec nous chez la mère Lefebvre : le matelot qui scandalisait si fort les deux bourgeois, vous savez ?

— Eh ! par ici, mon brave ! cria Jean en faisant un signe de la main.

Augereau ne se trompait pas. C'était effectivement

Mahuree qui faisait alors son entrée dans l'*Enfer*.

Le digne gabier paraissait au milieu de cette foule compacte aussi à l'aise que sur le pont de son navire. Son bonnet de laine rejeté en arrière, les épaules effacées, les deux mains dans les poches de sa vareuse, il s'avançait tranquillement sans se soucier des coups de coude qu'il distribuait généreusement à droite et à gauche, marchant sur les pieds de celui-ci, sur les talons de celui-là, bousculant un troisième et fixant sur tous son regard naïf, empreint d'une préoccupation profonde.

Bon nombre de joueurs, froissés rudement au passage, s'étaient retournés en grommelant, mais l'apparence athlétique du matelot, ses bras énormes, ses épaules carrées, sa démarche ferme et assurée faisaient aussitôt baisser les regards les plus furibonds.

Au moment où Augereau l'apercevait, le gabier se tournant sur la pointe de ses souliers, plongeait ses regards dans la direction de l'endroit où se tenait encore l'homme qui avait échangé, avec Bamboulà, les signes mystérieux, après lesquels l'heureux joueur avait quitté le *biribi*.

Mahuree se dirigea vivement vers Saint-Jean, mais surpris par l'appel fait par Jean, il se retourna brusquement, et lorsque après avoir adressé au garçon teinturier un clignement d'œil amical, il voulut continuer sa marche, il ne vit plus celui de la présence duquel il paraissait se préoccuper activement.

— Caramba ! fit-il avec colère.
— Venez donc ! cria Jean.
— Espère un brin ! répondit le gabier.

Et arrachant une chaise des mains d'un joueur qui se

préparait à prendre place, Mahurec s'élança sur le meuble pour être mieux à même de dominer la foule. Probablement il ne découvrit pas ce qu'il cherchait, car un juron, plus sonore que le premier, roula sur ses lèvres et il retomba lourdement sur le plancher avec un geste de désappointement complet.

Celui qui avait si fort attiré l'attention du marin venait en effet de quitter le salon. Se courbant en deux pour mieux se dissimuler au milieu des joueurs, il s'était glissé comme un serpent dans les rangs serrés de la foule et avait rapidement atteint la porte de sortie.

Dans le second salon il se trouva face à face avec Bamboulà.

— Où ? fit-il à voix basse et sans s'arrêter.

— Chez Rosine! répondit Bamboulà en tournant lestement sur ses talons.

Saint-Jean continua sa marche. Bamboulà circula un moment dans la seconde salle du biribi ; puis, passant dans celle du creps, il joua quelques coups insignifiants et, comme en raison du peu d'émotion qu'il donnait ce soir-là aux habitants de l'*Enfer*, les regards ne s'attachaient plus sur lui, il atteignit presque inaperçu la porte donnant sur l'escalier.

Là il s'arrêta un moment, lança autour de lui un coup-d'œil rapide, et, bien convaincu que personne n'espionnait sa démarche, au lieu de descendre les degrés, il s'élança vers l'étage supérieur.

En deux bonds, il atteignit le palier. Une petite porte était entr'ouverte en face de lui, il la poussa et entra dans une pièce faiblement éclairée. Une femme se tenait presque sur le seuil. Cette femme était jeune et jolie, mais ses traits fatigués, son teint flétri, dénotaient une vieillesse anticipée.

— Vous avez gagné? dit-elle en refermant la porte.
— Naturellement, répondit Bamboulà.
— Beaucoup?
— Mille louis.

La jeune femme avança sa petite main : Bamboulà y plaça deux rouleaux d'or.

— Voilà la part de Maillard! dit-il.
— Avez-vous besoin de moi? demanda la jeune femme.
— Non. Il est là?
— Oui.
— Eh bien! va-t'en!

La jeune femme fit glisser les rouleaux dans la poche de sa robe et, ouvrant de nouveau la porte, se faufila lestement par l'entre-bâillement du battant.

Bamboulà, après son départ, fit jouer deux verrous dans leurs gâches, et, traversant ensuite la petite pièce, il pénétra dans une sorte de boudoir dont les fenêtres donnaient sur le jardin. Un homme était dans ce boudoir : c'était le même personnage qui avait échappé aux recherches de Mahurec, c'était Saint-Jean.

— Tout va bien de mon côté! dit Bamboulà en se jetant sur un siège.

— Et tout va du mien, monsieur le comte! répondit Saint-Jean en s'inclinant respectueusement.

Celui qui, en dépit de son extérieur vulgaire et du singulier nom par lequel les joueurs le désignaient, venait de recevoir le titre aristocratique décelant un homme de condition, se leva brusquement et fit un tour dans la petite pièce.

— Il fait une chaleur étouffante cette nuit, dit-il en s'approchant de la fenêtre ouverte. N'y a-t-il rien à boire ici ?

Saint-Jean ouvrit un meuble et y prit un plateau qu'il déposa sur la table.

— Voici un sorbet qui attendait monsieur le comte, dit-il en présentant la boisson rafraîchissante.

Bamboulâ saisit le verre, mais une réflexion subite le retint sans doute, car reculant ses lèvres qui effleuraient déjà le breuvage glacé, il le tendit à Saint-Jean.

— Bois d'abord, dit-il, et bois-en la moitié.

Saint-Jean regarda son interlocuteur, haussa les épaules et but.

— Précaution est mère de sûreté ! dit-il en offrant au comte le verre à demi vidé.

Bamboulâ avala le restant du breuvage, replaça le vase de cristal sur le plateau et se campant en face de son compagnon, qu'il regarda avec une fixité fatigante :

— Nous disons donc, fit-il d'une voix brève, que les lettres du marquis et du vicomte ont été remises aux deux demoiselles ?

— Ce soir, répondit Saint-Jean.

— Et elles ont répondu ?

— Cette nuit : je viens de porter les missives.

— Elles consentent à recevoir les amoureux ?

— Demain à onze heures.

— Parfait ! Quant aux épîtres de la Guimard et à celles de la Duthé ?

— Elles seront demain, dans la journée, sur la table de travail des deux jeunes filles.

— Preuves flagrantes d'infidélité, continua Bamboulà en frappant légèrement sur la table, grande émotion, spasmes, vapeurs, colère et tout ce qui s'ensuit. Résultat : refus absolu de suivre les gentilshommes, et comme ceux-ci voulent absolument enlever les demoiselles, ils emploieront nécessairement la violence. Par conséquent : cris, gémissements... On survient ; on constate le fait ; premières preuves matérielles. Cela marchera comme sur des roulettes !

Saint-Jean fit un signe de tête affirmatif.

— Des hommes apostés aux environs, afin de devenir des témoins bien authentiques, reprit Bamboulà. Je me charge de ce soin... Henriot, Hébert et Maillard sont libres la nuit prochaine. Je viens de les prévenir, avant de quitter le jeu, que j'aurais besoin d'eux, et ils m'ont fait le signe convenu. Donc, tout va bien jusqu'ici. Reste le plus important.

Bamboulà se tut, fit un nouveau tour dans le boudoir, se rapprocha encore de la fenêtre, respira fortement l'air extérieur, puis, le visage pâli et contracté, revenant soudain vers Saint-Jean et lui saisissant le bras, il lui dit quelques mots à voix basse, mais à en juger par l'expression de la physionomie, ces quelques mots devaient avoir une signification terrible :

— Tout est prêt! répondit froidement Saint-Jean.

— Et en ce qui concerne le vicomte et le marquis?

— J'ai suivi vos ordres!

— Il ne faut pas qu'il puisse y avoir un doute.

— Il n'y en aura pas.

— Piek doit avoir les preuves.
— Elles seront indiscutables.

Bamboulà se rapprocha d'avantage de Saint-Jean et darda sur lui ses prunelles flamboyantes.

Les yeux ternes du valet soutinrent, sans se détourner ce regard de feu.

— Donc, tout va bien! reprit Bamboulà après un assez long moment de silence.

— Je le crois, répondit Saint-Jean sans sourciller.

— Demain tout sera fini et nous recueillerons enfin le fruit de nos peines. Bel héritage, de par tous les diables! Belle succession à partager, mons Saint-Jean! Que dirais-tu de deux cent mille livres comptant pour ta récompense?

— Je dirais que c'est peu! fit le valet avec un geste de dédain.

— Cependant, dit Bamboulà dont les sourcils se rapprochèrent, il était convenu...

Puis, s'arrêtant brusquement et changeant de ton :

— C'est quatre cent mille livres que je voulais dire, reprit-il. Es-tu content?

— Oui, dit Saint-Jean avec une sorte d'indifférence affectée. Cela peut suffire pour le présent, d'autant que l'avenir doit être beau.

— Plaît-il? fit Bamboulà. Tu dis?

— Je dis que quatre cent mille livres comptant peuvent me convenir relativement à l'héritage. Maintenant il reste deux autres questions à vider!...

— Lesquelles? demanda Bamboulà avec une vivacité extrême.

— Qu'est-ce que le comte de Sommes donnera à son

fidèle serviteur, le jour de son mariage avec la belle marquise d'Horbigny ?

— Eh ! ah ! fit Bamboulà en souriant. Le vent souffle de ce côté ? La marquise t'affectionne, Saint-Jean ! Il pourrait se faire qu'elle te gratifiât d'une vingtaine de mille livres, le jour où elle voudra enfin renoncer au veuvage.

Saint-Jean fit une moue dédaigneuse.

— Je croyais la marquise plus généreuse ! dit-il en ricanant.

Le regard de Bamboulà étincela dans l'ombre.

— Drôle ! dit-il avec un geste de menace. Cesse cette comédie qui me déplaît ! Oserais-tu m'imposer des conditions ?

— Pourquoi pas ? répondit froidement le valet Ces conditions, je les impose parce que j'en ai le droit, et cette comédie, je la joue, parce qu'il me plaît de la jouer.

Bamboulà saisit les mains de Saint-Jean et les secoua avec une violence extrême :

— Misérable ! dit-il d'une voix étranglée par la colère. Que prétends-tu donc ?

Saint-Jean se dégagea par un geste rapide, sans effort apparent, mais avec une vigueur telle que son interlocuteur, repoussé en arrière, faillit tomber à la renverse.

— Quatre cent mille livres pour l'héritage, dit-il d'une voix impassible, cinq cent mille pour le mariage et un million pour l'enfant de Saint-Nazaire. Cela vous va-t-il ?

Bamboulà ouvrait des yeux énormes : la rage et l'étonnement se peignaient dans ses regards furibonds.

— Ah ! fit Saint-Jean avec un sourire ironique, monsieur le comte pensait que j'ignorais l'affaire de la *jolie mignonne*? C'est effectivement une dette de plus pour laquelle je suis son créancier.

Bamboulà ne répondit pas : le front sombre, les bras croisés sur la poitrine, il semblait frappé de stupeur. Tout-à-coup, il se redressa, bondit en avant et, décroisant ses bras, il fit briller au-dessus de Saint-Jean la lame aiguë d'un poignard, mais en se précipitant, sa poitrine se heurta contre la gueule menaçante d'un pistolet.

— Précaution est mère de sûreté, j'ai eu l'honneur de le faire observer à monsieur le comte ! dit Saint-Jean d'une voix mielleuse.

Bamboulà jeta loin de lui le poignard qu'il brandissait. Saint-Jean, toujours impassible, remit dans sa poche le pistolet qu'il en avait tiré par un mouvement plus rapide. Puis, revenant auprès de la petite table, il prit un verre, le remplit d'eau et le présentant à son adversaire qui, les poings serrés, s'était laissé retomber sur un siége :

— Les émotions violentes sont souvent dangereuses, monsieur le comte, fit-il avec un accent de plus en plus railleur. Que Monsieur prenne garde de s'y laisser aller et daigne se remettre.

Bamboulà écarta la main qui lui présentait le verre et se redressant vivement :

— Assez ! dit-il d'un ton impératif. Ça, maître Saint-Jean, expliquons-nous catégoriquement. Depuis deux ans que je vous connais, je vous ai toujours vu empressé envers moi, soumis à mes moindres ordres. Il s'est opéré en vous un changement absolu ! La cause de ce changement ?

— C'est que l'heure de la métamorphose est venue, seigneur Bamboulà ! dit Saint-Jean d'une voix grave.

— De quelle métamorphose parlez-vous, s'il vous plaît ?

— De celle qui doit remettre chacun de nous dans l'état qui lui convient : c'est-à-dire moi en haut, toi en bas !

— Hein ! fit Bamboulà avec stupéfaction.

Saint-Jean haussa les épaules, et passant dans une pièce voisine, il en revint presque aussitôt, portant de chaque main un candélabre garni de bougies allumées. La demi-obscurité qui régnait dans le petit boudoir fit place alors à une éblouissante clarté.

Saint-Jean poussa la fenêtre afin d'être vu du dehors, et, revenant en face de Bamboulà dont la stupéfaction se transformait en stupeur, il se posa de façon à recevoir en plein visage le feu des lumières.

Alors, avec un double geste plus rapide que la pensée, il passa ses deux mains sur sa tête : Bamboulà poussa un cri...

Le valet venait de subir une transformation complète opérée instantanément. Sa chevelure poudrée avait disparu et à la place de la perruque qui encadrait le front en le rétrécissant, on voyait une chevelure noire extrêmement serrée mais coupée ras sur le crâne, dont la forme remarquable, indice certain d'une intelligence peu commune, se dessinait nettement. Les sourcils avaient également changé de nuance et apparaissaient noirs comme l'ébène, finement arqués au-dessus des deux yeux, tout à l'heure ternes et voilés, et maintenant resplendissants d'éclairs. La bouche, aux coins abaissés, avait changé d'aspect elle-même et l'expression, qu'elle donnait au visage, était celle de l'audace, de l'énergie et de la domination.

Bamboulà paraissait complétement foudroyé.

— Me reconnais-tu? dit Saint-Jean.

— Le *Roi du Bagne!* murmura Bamboulà.

— Allons! à ton tour! reprit l'étrange personnage. Que je te voie à visage découvert.

Et comme Bamboulà n'obéissait pas assez vite au gré de son interlocuteur, celui-ci s'approcha et arracha la perruque rousse. Moustaches, sourcils et cicatrice disparurent avec elle, et la physionomie fatiguée du comte de Sommes apparut décomposée par l'émotion et horriblement pâlie.

— Tu ne t'attendais pas à me voir, dit en riant celui que Bamboulà venait de qualifier du titre effrayant de *Roi du Bagne.* Tu me croyais mort depuis sept années, depuis la nuit où nous avons quitté Brest ensemble. Bien d'autres aussi ne savent plus que j'existe, et cependant, depuis sept ans, Bamboulà, depuis ce jour où je t'ai fait révéler le secret de ta naissance, je n'ai pas cessé un instant de te suivre pas à pas. Je t'ai fait ce que tu es, sans que tu pusses te douter que je fusse pour quelque chose dans ton élévation : je t'ai servi humblement sans que tu pusses te douter que le valet, qui se courbait devant toi, fût ton maître, que l'instrument dont tu te servais, avec l'intention de le renier un jour, fût, non pas la stupide machine agissante, mais bien l'esprit qui vivifiait l'œuvre entière. Ah! tu ne comprends pas, Bamboulà? Mais patience! Tu vas comprendre, car il faut que je t'explique tout afin que tu exécutes fidèlement mes volontés.

Saint-Jean s'arrêta en fixant, sur son compagnon, un œil dominateur. Le comte demeurait muet et l'expression stupide de sa physionomie, ses traits bouleversés, ses regards anxieux dénotaient le trouble effrayant dans lequel était son esprit.

Saint-Jean attira à lui un vaste fauteuil et s'y installa avec une aisance parfaite. Ses manières, comme son visage, avaient subi une complète métamorphose.

— Monsieur le comte, reprit-il d'un ton ironiquement respectueux, permettez-moi, avant d'entamer le grave sujet de notre entretien, de vous rappeler en quelques mots qui vous êtes et ce que vous êtes. Quoique vous soyiez le très noble comte de Sommes, pour les uns, et le très heureux joueur Bamboulà, pour les autres, vous n'avez droit, vous ne l'ignorez pas, à aucune de ces dénominations. La pompe de la première et l'originalité de la seconde ne vous appartiennent pas plus que la corde n'appartient au pendu. Vous êtes accroché après; ces noms vous supportent et voilà tout. Vous vous nommez Jean, Juste, Charles, votre mère s'appelait la Madone et vous possédez par devers vous ou, pour mieux dire, je possède pour vous par devers moi, un acte signé de M. de Niorres et qui peut vous rendre un jour possesseur d'une immense fortune, voilà vos plus beaux titres à la gloire.

— Hein! s'écria le comte en bondissant sur son siège. Vous possédez cet acte, vous!

— Ne gesticulez pas ainsi, cher comte, dit Saint-

Jean avec un geste amical, vous vous ferez mal, très
certainement. J'ai dit que je possédais cet acte en
bonne forme et le fait est exact.

— Mais on m'a donc volé ?

— En aucune façon.

— Mais alors, cet acte, je possède seul...

— C'est-à-dire que vous en avez une copie très habilement faite, mais que j'ai, moi, le véritable original.

— Vous ! vous avez...

— Parbleu ! interrompit Saint-Jean, vous m'avez
confié une fois ce précieux papier. Ce soir-là vous
buviez beaucoup, c'était même là une de vos mauvaises
habitudes... Pensez-vous que j'eusse été assez niais
pour me dessaisir de cet acte qui vaut à lui seul une
fortune ? Allons donc ! vous ne me connaissez pas !

Le comte jeta sur son interlocuteur des regards
effarés.

— Laissez-moi continuer, reprit Saint-Jean. Tout à
l'heure vous aurez une explication complète. Je vous
ai dit qui vous étiez. Reste maintenant à vous rappeler ce que vous êtes. Oh ! vous avez une belle position,
monsieur le comte ! Vous êtes le favori d'une Altesse
Sérénissime, vous avez su vous faire l'adroit complai-
sant d'un puissant prince. Le comte de Sommes est,
enfin, le compagnon d'orgies de Monseigneur le duc de
Chartres, et, comme tel, il a droit à beaucoup d'égards
et il use largement de ce droit acquis par la faveur.
Ce n'est pas tout ! monsieur le comte est amoureux et
il a jeté son dévolu sur la belle marquise d'Horbigny.
Deux cent mille livres de rentes à épouser ! belle affaire,
morbleu ! La marquise se laisse séduire : tout va bien,

puis, crac! au moment où l'on s'y attend le moins, voilà une petite sotte de fille qui se laisse mourir bêtement à Saint-Nazaire et qui emporte, avec elle, dans la tombe les plus solides attraits de sa belle maman. Cordieu! il y avait lieu de désespérer, hein, monsieur le comte? Heureusement Bamboulà était là! Quel gaillard que ce Bamboulà! Belle position aussi, mais dans un autre monde cependant. Lié avec bon nombre de gentilshommes de grands chemins de son espèce, Bamboulà est une puissance, savez-vous! Son bonheur au jeu est véritablement insolent! Il gagne chaque nuit des sommes folles. Et voyez comme le drôle est bon garçon. Son argent, il le donne tout entier au comte de Sommes : ses amis, il les met à la disposition du noble seigneur. Il faut remplacer l'enfant qui se meurt! Vite! on cherche, on furète, on s'ingénie et l'on trouve, à Paris, une petite fille précisément du même âge que l'autre, lui ressemblant suffisamment et pouvant parfaitement doubler celle qui fait défaut pour l'exécution de la grande intrigue. Bamboulà enlève la *jolie mignonne* et le comte de Sommes resserre les liens de l'union projetée. Très bien joué, par ma foi! Le comte de Sommes est fort habile, maître Bamboulà! Bamboulà est un hardi compagnon, monsieur le comte! Mes compliments, très cher, vous allez bien!

Et Saint-Jean adressa à son auditeur un petit signe de satisfaction d'une impertinence tout à fait aristocratique.

— Ah çà, drôle! continua-t-il en changeant brusquement de ton. Tandis que tu te gaubergeais dans les bras de la fortune; tandis que tu faisais les rêves les plus dorés sur ta couche soyeuse, sais-tu ce que je faisais, moi, ton maître? Je me réduisais au rôle avilissant de laquais! Je demeurais dans l'ombre, mais j'étais comme le joueur de marionnettes : je tenais les fils et tu n'étais que le pantin qui dansait devant le public! Je m'étais tracé un plan, Bamboulà! Et ce plan je le suivais avec patience et tenacité, bien certain qu'il réussirait un jour. A ton insu, tu exécutais mes moindres volontés !

— Moi ! s'écria le comte.

— Toi-même, mon fils! Tu ne crois pas? Veux-tu des preuves? Cela est facile. Il y a six ans et demi, à pareille époque, tu errais, seul et sans asile, sur la route de Lyon.

— La route de Lyon ! répéta Bamboulà en pâlissant.

— Oui, reprit Saint-Jean. Tu mourais de faim et de misère, tu songeais au moyen de te tirer d'embarras. Heureusement pour toi, tu rencontras sur ton chemin un gaillard énergique.

— Taisez-vous ! murmura le comte.

— Bah ! personne ne peut nous entendre. Ce gaillard t'apprit qu'un riche financier allait passer dans sa chaise, escorté par un seul valet et portant, dans le coffre de sa voiture, trois cent mille livres en or et en billets de caisse.

— Plus bas ! plus bas !... fit le comte en courbant la tête.

— L'homme te sonda et quand il comprit que tu étais résolu à agir, il te proposa un coup de fortune...

— Comment savez-vous ? s'écria le comte d'une voix étouffée.

Saint-Jean haussa les épaules.

— Ce compagnon de hasard, dit-il, c'était moi !

— Vous ! fit Bamboulà avec stupéfaction.

— Moi-même, bien déguisé déjà, car tu ne me reconnus pas. C'était toujours la suite de mon plan formellement arrêté. Je t'avais suivi, épié, et je parlai quand le moment fut venu. Bref, ton coup d'essai fut un coup de maître ; je t'en fais mes félicitations. Le financier mourut sans proférer un cri. Tu emportais deux cent mille livres pour ta part et tu courais vers Paris. Quant à moi, j'étais enchanté. Nous avions commis un double crime ensemble. Désormais tu étais mon complice. J'avais engagé ton avenir : la menace d'une dénonciation te mettait à ma merci : c'était tout ce que je voulais.

Saint-Jean se retourna à demi et regarda le comte. Celui-ci, le visage atterré, semblait en proie à la plus abominable torture morale.

— Tes deux cent mille livres en poche, continua Saint-Jean, tu fis ton entrée dans la capitale du royaume, sous le nom de comte de Sommes. Ici, cher ami, je dois rendre une justice pleine et entière à vos admirables qualités. Vous vous conduisîtes merveilleusement bien. En peu de temps, Bamboulà disparut, et il ne resta plus qu'un jeune et élégant gentilhomme, parfait de langage, admirable d'allures, grand seigneur jusqu'au bout des ongles. J'avais deviné les dons que la nature s'était plu à vous octroyer, et ce changement complet ne m'étonnait que médiocrement, je dois le dire. Pendant ce temps, moi, j'entrais au service de l'un des fils du conseiller de Niorres et j'obtenais la confiance de mon excellent maître. C'était toujours la suite du plan arrêté par moi. Les années se passèrent et vous prîtes rang parmi nos plus renommés débauchés, j'étais ravi et j'attendais. Un jour, vous vous aperçûtes que votre caisse se vidait, monsieur le comte ; et ce jour-là vous fîtes une laide grimace. Il s'agissait d'emprunter, et la chose était d'autant moins facile que vous ne possédiez aucun patrimoine, naturellement. Vous aviez alors près de vous un valet fort intelligent. C'était moi qui l'avais mis à votre service.

— Jérôme ? dit le comte.

— Mon filleul ! répondit Saint-Jean. Jérôme vous propose de vous mettre en relation avec un usurier traitable. Vous n'eûtes garde de refuser et Jérôme vous conduisit chez un vieux juif des plus accommodants. N'est-ce pas à la suite de vos fréquentes visites à cet estimable négociant, que vous vint la pensée de supprimer les obstacles existant entre le fils de la Madone et l'héritage des Niorres ?

— Oui ! dit le comte en se frappant le front comme s'il commençait enfin à comprendre.

— Cet usurier, lorsqu'il eut toute votre confiance, vous traça même un plan de conduite fort habile. Il vous parla vivement de Saint-Jean, le valet de chambre de l'un des fils du conseiller, et vous poussa à vous mettre en relation avec lui. Vous deviez partager avec l'usurier, mais un beau matin, vous apprîtes la mort de votre complice.

— C'est vrai ! dit encore le comte.

— Cette nouvelle vous combla de joie, car vous deveniez, seul, maître de l'affaire, et vous la gardiez pour vous seul. Malheureusement, pour vous, l'usurier n'était pas mort, car cet usurier c'était moi, encore moi, toujours moi !...

Cette fois le comte ne fit aucun signe d'étonnement.

— Vous voyez, continua Saint-Jean, que j'avais habilement mené ma barque. Le reste, vous le savez aussi bien que moi. Vous vous mîtes en relation avec Saint-Jean et bientôt je devins votre très humble et très obéissant serviteur et complice. Vous étiez, ou du moins vous paraissiez être l'esprit qui commandait, et je n'étais, moi, que la main bonne à exécuter les ordres. Et cependant je tenais les fils et tu étais le pantin ! Tout s'est fait par moi, Bamboulà ! depuis la cause première de ta fortune sur la route de Lyon, jusqu'à la continuité de ton bonheur dans la maison de jeu d'où tu sors. En se faisant tes complices, Hébert, Maillard et Henriot n'ont obéi qu'à mes ordres. Comprends-tu maintenant que tu es tout entier dans ma main ?

— Je comprends, dit Bamboulà qui paraissait avoir repris tout son calme, que le *roi du bagne* n'a pas démérité du titre que lui ont décerné ses compagnons de chaîne, mais je ne comprends pas pourquoi il a pris tant de précautions pour arriver à ce résultat si simple : se découvrir à moi pour tenter l'œuvre ensemble...

Saint-Jean sourit dédaigneusement.

— Savais-je ce que tu étais capable de faire, dit-il. Tu pouvais être un sot ou un poltron, et, en te parlant clairement, je me faisais ostensiblement ton complice. En te faisant agir au contraire, en te laissant croire que tu étais le chef de l'intrigue, je te laissais seul exposé. Si tu eusses creusé un abîme sous tes pas, tu tombais seul dans cet abîme. Saint-Jean en eût été quitte pour disparaître et le *roi du bagne* échappait à toute pensée de complicité, puisque toi même ne l'avais pas reconnu sous la livrée. Aujourd'hui, il en est autrement. Tu as marché droit et ferme dans la route sur laquelle te poussait une main invisible. Je suis content de toi, Bamboulà, mais voici le but, nous allons l'atteindre, il est temps que chacun reprenne sa place.

— Que veux-tu donc faire de moi ? demanda le comte avec une certaine inquiétude.

— Ce que je veux faire ? répondit Saint-Jean, je veux que tu hérites de toute la famille de Niorres, je veux que tu épouses la marquise d'Horbigny, je veux que la fille de celle-ci lui abandonne toute sa fortune et je veux enfin que, dans dix ans, quand tu seras veuf, tu deviennes possesseur de tous ces millions que je t'aurai aidé à gagner.

— Mais pour toi, que voudras-tu ?

— Je te le dirai tout à l'heure. En ce moment, ne nous occupons que de la réussite de nos projets. Assieds-toi, Bamboulà, et quitte cet air décontenancé qui ne sied point au hardi compagnon d'une Altesse Sérénissime. Je vais te donner tes dernières instructions.

Dominé par l'accent impérieux de celui qui lui parlait, le comte se laissa tomber sur un siège et attendit.

— Cela t'étonne, reprit en riant le *roi du bagne*, de dégringoler ainsi subitement du premier rang au second. Ton esprit reçoit, dans la chute de ton orgueil, une commotion qui le prive momentanément de ses brillantes qualités. Je comprends cela d'autant mieux, mon très cher, que moi-même, quoique obéissant à une cause diamétralement opposée à celle qui t'étourdit, j'ai besoin de faire appel à mes facultés endormies pour ne pas faillir à la situation. Que veux-tu? Pendant que tu prenais l'habitude de commander, je prenais celle d'obéir. Depuis si longtemps que je me suis fait valet, j'ai dépouillé le vieil homme, je m'étais si parfaitement identifié avec mon rôle qu'en vous trompant tous, j'étais parvenu à me tromper moi-même. Oui! durant l'espace que j'ai mis à jouer ce rôle, je n'ai pas une faute à me reprocher et j'en suis fier. Oh! c'est que j'avais tracé un habile plan de conduite et ce plan a été la règle de mes moindres actions, de mes plus intimes pensées. Il fallait que le *roi du bagne*, pour réussir, devînt valet, et il avait atteint ce but avec une telle perfection, que pas une de ses paroles, lors même qu'il se parlait à lui seul, n'eût pu faire supposer qu'il n'était pas ce qu'il paraissait être. Pas une de mes pensées, Bamboulà, n'a été formulée intérieurement de façon à être en désaccord avec la livrée que je portais. Mon esprit avait pris le même travestissement que mon corps! Ah! tu me regardes avec étonnement, tu m'admires?... Eh bien morbleu! tu as raison, car il faut être l'homme que je suis pour avoir fait ce que j'ai fait et le *roi du bagne*, sous son vêtement de laquais, a toujours été digne de brandir le sceptre de sa royauté! Mais je l'avoue, ce rôle me pesait à la longue, ce manteau étriqué ne convenait pas à mes larges épaules. Le jour est venu enfin où je puis abdiquer l'un et déchirer l'autre, vive Satan! Bamboulà! je vais recueillir les fruits de mes peines et vivre de cette existence, qui, seule, peut être la mienne. Ecoute! Voici en deux mots ma situation présente. Cette situation t'intéresse, car c'est la tienne. D'une part l'héritage des Niorres, de l'autre la fortune de la marquise. Coulons d'abord la première affaire, ensuite la seconde ira d'elle-même. Entre toi, possesseur de l'acte en question, et l'héritage du conseiller et des siens, il y avait primitivement douze personnes : les trois fils du conseiller, sa fille, ses quatre petits-enfants, ses deux nièces et ses deux brus. De ces douze personnes, six ne sont plus. Il en reste six encore : M™⁰ de Versac, son fils et son neveu, M™⁰ de Nohan et les deux nièces, car leur mère, à celles-ci, n'hérite pas puisqu'elle n'est que la belle-sœur de M. de Niorres. Il faut que, sur ces six personnes, quatre disparaissent d'un seul coup. Nous avons marché assez lentement jusqu'ici : il y aurait danger à ne pas procéder plus vite. Demain soir... le conseiller doit demeurer seul avec sa belle-sœur, son gendre, sa fille et ses deux petits-enfants. Tout est prêt... cela sera !

— Mais tout ne sera pas terminé, dit Bamboulà, qui suivait avec une attention extrême les moindres paroles de son interlocuteur. Il restera encore les deux jeunes filles.

— Il faut qu'elles vivent encore trois mois. Le temps d'entendre condamner leurs deux amoureux. Ensuite elles mourront de chagrin. Rien de plus simple, de plus naturel, ni de plus poétique.

— Ah ! fit Bamboulà, rien n'est changé à notre plan alors ! Demain le vicomte et le marquis seront les auteurs de tous les crimes.

— Parbleu ! cela va sans dire. Pour que le comte de Sommes, c'est-à-dire le fils de la Madone en faveur duquel a été dressé l'acte passé par le conseiller, hérite, il faut que tout soupçon soit écarté de lui. Cela est facile. Personne au monde, à l'exception du conseiller, de la Madone, de toi et de moi ne connaît cet acte si important. Or, le conseiller n'ira pas s'en vanter, et d'ailleurs il n'y songe plus. La Madone, ta mère, est morte... donc, elle n'est plus à redouter. Quant à toi et à moi... nous sommes bien tranquilles mutuellement sur nos actions réciproques. Il n'y aura donc pas, il ne pourra donc pas y avoir un seul mot prononcé qui éveille l'ombre d'un soupçon à l'égard d'un héritier étranger, ayant intérêt à la succession, tandis que tout se trouvera, naturellement, à la charge des deux marins. Comprends bien la situation, Bamboulà! Tout Paris connaît les dettes énormes du marquis et du vicomte, et ce soir même, ils ont engagé leur avenir relativement au mariage projeté. Premières preuves morales qui disposeront tous les esprits contre eux. Le conseiller a obstinément refusé de les recevoir : seconde preuve à interpréter à leur désavantage. Les crimes n'ont eu leur commencement d'exécution qu'après l'époque où les unions ont été arrêtées. Preuve très grave, celle-là! Enfin demain, des preuves matérielles, indiscutables seront établies contre les marins. Ces preuves, je me charge de les fournir.

— Quelles sont-elles ? demanda le comte.

— Inutile que tu les connaisses d'avance, répondit Saint-Jean. Le moment venu, elles apparaîtront lumineuses pour tous : que cela te suffise ! Donc, le marquis et le vicomte arrêtés, le procès sera mené rapidement. Quelques manifestations populaires que nous organiserons facilement en presseront le dénoûment, à une époque où la cour commence à avoir peur du peuple. Le conseiller et ses deux nièces auront à subir toutes les tortures de ce procès. Les marins condamnés, les deux jeunes filles sont au désespoir et leur mort n'étonne personne ! car chacun s'y attend.

— Restera le conseiller ! dit Bamboulâ.

— Bah ! celui-là ne restera pas longtemps. Alors, le fils de la Madone survient un beau jour, son acte à la main…

— Mais, dit Bamboulâ, il est une chose à laquelle j'ai toujours songé et qui m'inquiète.

— Quelle chose ?

— Comment le comte de Sommes se fera-t-il reconnaître pour être le fils de la Madone ?…

Saint-Jean haussa les épaules.

— Le comte de Sommes, dit-il, ne paraîtra pas dans l'affaire. Il sera parti en voyage, en Italie, où il voudra… Pendant ce temps, le fils de la Madone, qu'un procureur, qui aura été dépositaire de l'acte, aura été rechercher au fond de quelque province où il végétait misérablement, apparaîtra à la lumière. Mis en possession de son héritage, le bâtard voudra courir le monde… Il partira à son tour. Paris qui s'en sera occupé, n'y pensera plus au bout de six semaines, et le comte de Sommes fera alors sa brillante rentrée dans les salons de l'aristocratie. Comprends tu ?

— Parfaitement ! dit Bamboulâ.

— Alors, reprit Saint-Jean, nous nous occuperons du mariage.

— Et l'enfant ?

— Il demeurera à Saint-Nazaire.

— Mais si l'on faisait des recherches... J'ai vu aujourd'hui à Versailles, chez moi, un certain Fouché...

— Il part demain pour Saint-Nazaire, interrompit Saint-Jean.

— Quoi ! vous savez...

— Je sais tout ! dit le *roi du bagne*.

Le comte baissa la tête : il reconnaissait la supériorité de celui qui lui parlait.

— Fouché part demain, reprit Saint-Jean, il quitte Paris en compagnie d'un certain Brune, lequel a promis à Bernard de lui ramener sa fille. Or, comme ce Brune n'a pas d'argent pour faire le voyage, il ira demain chez la marquise d'Horbigny avec son ami Nicolas. Le comte de Sommes, prévenu par Saint-Jean et s'intéressant, ainsi que la marquise, très-vivement à la réussite de cette affaire, prêtera généreusement cinquante louis à Brune pour faciliter son voyage de découverte.

— Mais... dit vivement Bamboulà.

— De cette façon, interrompit Saint-Jean, il sera prouvé que le comte et la marquise, si quelquefois la substitution d'enfant était établie un jour, n'étaient pour rien dans ce crime, puisqu'ils ont participé aux moyens de le découvrir.

— Mais, dit encore Bamboulà, si Fouché et Brune partent.....

— Ils n'arriveront pas, voilà tout... répondit froidement Saint-Jean.

Le comte regarda le *roi du bagne* avec un sentiment d'admiration profonde :

— Décidément, dit-il en s'inclinant, tu es bien notre maître à tous.

— Donc, continua Saint-Jean sans daigner répondre à l'acte d'humilité de son compagnon, tout est prévu, tout est préparé. Demain à pareille heure, il n'y aura plus, entre la fortune et le fils de la Madone, que deux frêles jeunes filles qu'une rude émotion doit prochainement briser.

— Et maintenant, dit le comte de Sommes qui avait repris entièrement toute sa liberté d'esprit, il ne me reste plus qu'à te répéter la question que je t'ai posée au commencement de notre entretien : Quelle sera ma part ? quelle sera la tienne ?

— Fort belles toutes deux, car elles seront égales, répondit Saint-Jean.

— Ainsi, nous partagerons...

— En frères ! Et, de plus, je t'abandonne, sans y prétendre jamais, la haute position que s'est faite le comte de Sommes et à laquelle j'ai, cependant, largement contribué...

Bamboulà réfléchit durant quelques minutes, puis relevant la tête :

— J'accepte ! dit-il.

— Bien entendu, reprit Saint-Jean, que le tout sera divisé en trois parts égales : l'une pour les enfants des galères, suivant la coutume établie, l'autre pour toi, la troisième pour moi.

— Ah ! fit le comte, mais alors ce n'est plus qu'un tiers.

— Qui formera encore plus de deux millions pour ta part. Songe que, sans moi, tu n'aurais rien. D'ailleurs la discussion est impossible : je suis le chef, je commande. Dorénavant, n'oublie plus cela...

Le comte se pinça les lèvres et courba son front devenu plus pâle.

En cet instant deux heures sonnèrent à l'horloge du Palais-Royal, le comte se leva vivement et repoussa le siège qu'il venait de quitter.

— Son Altesse m'attend, dit-il. Il faut que je parte.

— Tu vas ?... demanda Saint-Jean.

— A la petite maison de la rue Blanche.

— Eh bien ! puisque tu vois son Altesse cette nuit, préviens-la que demain soir tu lui présenteras un compagnon d'orgie.

— Hein ? fit le comte avec stupéfaction.

— N'y a-t-il pas demain soir souper à la petite maison ?

— Si fait ?

— Tu es du nombre des convives ?

— Naturellement.

— Eh bien ! nous irons ensemble.

— Toi ! s'écria le comte. Tu veux que je te présente au duc ?

— Je le veux ! répondit nettement Saint-Jean.

— Tu n'y songes pas !

— Pourquoi donc ? demanda Saint-Jean avec un sang-froid imperturbable.

— Sous quel nom veux-tu que je te présente ?

— Belle affaire ! Le marquis Camparini, riche seigneur florentin. Je parle italien comme un Toscan : je resplendirai de broderies et de diamants, et, s'il le faut, j'aurai mes titres de noblesse dans ma poche. Son Altesse n'est pas, que je sache, fort susceptible à l'endroit des convenances. Tu me présenteras comme un aimable compagnon.

— Mais...

— Je le veux ! dit Saint-Jean plus nettement encore que la première fois.

— Impossible ! impossible !... répéta le comte en examinant l'extérieur vulgaire de son interlocuteur.

Celui-ci sourit dédaigneusement.

— Sois sans crainte, dit-il. Le comte de Sommes n'aura pas à rougir du convive qu'il amènera. D'ailleurs, il faut que cela soit. Tu entends ? Il faut que j'assiste à l'orgie qui aura lieu ; il le faut pour établir les preuves matérielles qui doivent condamner, aux yeux de tous, le vicomte de Renneville et le marquis d'Herbois. J'ai compté sur toi pour me présenter dans la société du duc. A l'heure où nous arriverons, tous seront ivres et la première présentation venue sera bonne. D'ailleurs, je le répète : il le faut, je le veux Cherche un prétexte...

Et Saint-Jean, adressant au comte un geste impératif, se leva à son tour.

Bamboulà parut accepter ce nouvel ordre avec une résignation parfaite.

— Un mot encore, dit-il. Parmi tous les créanciers du vicomte et du marquis, dont les témoignages auront dans l'affaire une importance énorme, il en est un que la police ne connaît pas encore. J'ai sondé Pick à cet égard. Celui-là, c'est Roger. Quel est-il ? Faut-il qu'on le connaisse ?

— On le connaît, répondit Saint-Jean.
— Mais Pick m'avait affirmé...
— Pick obéissait à mes ordres.
— Ainsi les agents de M. Lenoir?
— Sont à ma dévotion.
— Mais Jacquet, cependant...
— Jacquet est joué, dupé : il passe pour être à moi sans même le savoir, sans même soupçonner que je me sers de son nom et qu'il joue un rôle dans toute cette affaire. Tu sauras tout plus tard...

Le comte fit un nouveau signe d'étonnement admiratif : Saint-Jean sortit sans ajouter un mot.

Demeuré seul, le comte laissa ses regards errer autour de lui, puis, s'approchant de la fenêtre, il s'accouda sur la balustrade et baigna son front brûlant dans l'air pur que rafraîchissait encore la brise de la nuit.

— Un tiers! pensait-il ; un tiers seulement de ces millions que j'avais rêvé pour moi seul, et la perspective de dépendre éternellement de cet homme! Oui, sans doute, sa complicité m'est précieuse! oui, sans doute, j'ai besoin de lui pour réussir, mais ne pourrais-je reconquérir mon indépendance et garder pour moi la part entière?...

Bamboula secoua doucement la tête et parut se plonger dans un recueillement profond.

— Si Blanche ou Léonore, l'une des deux enfin, survivait seule, reprit-il, celle-là possèderait entièrement ce magnifique héritage... et celui qui deviendrait son époux, serait en même temps maître de toutes ces richesses, et cela, sans aucun nouveau danger à courir!...

Bamboulà se frappa le front.

— La fortune des Niorres vaut mieux à elle seule, continuait-il, que le tiers de cette fortune réunie à celle de la marquise, et comme il ne serait plus question de l'enfant de la Madone, ce que sait cet homme ne serait plus à redouter. D'ailleurs, le comte de Sommes est assez puissant pour braver de tels périls... L'avenir peut être plus riant encore qu'il n'apparaît... mais, pour le présent il a raison ! Il faut que demain les deux officiers soient arrêtés sur des preuves positives... Quoi que je fasse plus tard, il faut que cela ait lieu d'abord. Donc... qu'il agisse, qu'il commande, j'obéirai, quitte ensuite...

Le comte n'acheva pas sa pensée.

— Pick, Roquefort, tous ceux-là que je croyais être à moi, rien qu'à moi, se dit-il après un nouveau moment de réflexion, étaient donc à lui, et je marchais entouré d'un réseau dont les mailles m'étaient invisibles. Et Jacquet... cet agent incorruptible... il passe cependant pour être à lui aussi ! Oh ! cet homme est réellement fort : il est réellement grand ! Serait-il prudent de lutter contre lui ? Nous verrons !

Et Bamboulà abandonnant la fenêtre, revint prendre son chapeau jeté sur un meuble et se disposa à sortir à son tour.

En quittant la pièce où il avait laissé son complice, Saint-Jean avait regagné la chambre servant de salle d'entrée à l'appartement.

Une petite porte était pratiquée à gauche dans la cloison. Saint-Jean ouvrit cette porte, en franchit le seuil, et la refermant sur lui, fit jouer deux verrous dans leurs gâches. Il se trouvait alors dans un corridor complètement obscur, mais sans ralentir sa marche, en homme connaissant parfaitement les êtres du logis, il gagna l'autre extrémité de ce corridor, ouvrit une seconde porte et pénétra dans une vaste pièce qui devait être située dans la maison voisine de celle où était établi l'*Enfer*, car un gros mur la séparait du corridor.

Cette pièce était, comme le corridor, plongée dans une obscurité profonde. Saint-Jean s'avança vers la muraille de droite et, étendant la main, saisit un cordon de sonnette, mais, au moment de l'agiter, il s'arrêta soudain :

— Bamboulà doit, à cet instant même, chercher le moyen de me tromper et d'accaparer pour lui seul la fortune, murmura-t-il. J'ai lu dans ses regards qu'il avait une arrière-pensée en me promettant obéissance. Que pourrait-il tenter ?...

Puis, après un moment de silence qu'aucun bruit extérieur ne vint troubler :

— Bah ! ajouta-t-il. L'existence de l'enfant me répondra de l'avenir.

Et il tira le cordon de sonnette. Aussitôt une porte s'ouvrit, un flot de lumière pénétra dans la pièce obscure et la jeune femme qui avait introduit Bamboulà dans l'autre appartement, apparut tenant un candélabre à la main.

— Je m'habille ! dit Saint-Jean.

— Comment ? demanda laconiquement la jeune femme.

— En grand seigneur !

XIV

LE LANCEMENT

MM. d'Herbois et de Ronneville habitaient un modeste appartement situé au troisième étage d'une maison meublée de la rue Louis-le-Grand. Depuis leur arrivée de Brest, ne comptant faire à Paris qu'un séjour de courte durée, puisqu'ils étaient tous deux à la veille d'embarquer de nouveau, ils avaient cru ne pas devoir se montrer difficiles sur le choix de leur logis provisoire.

Qui eût connu jadis les deux gentilshommes, alors que, dévorés par cette fièvre de luxe et de plaisirs qui faisait tourner toutes les nobles têtes de l'époque, ils jetaient à pleines mains, par les fenêtres, l'argent de leur patrimoine, eût été bien surpris de les retrouver modestement installés dans cette maison de mesquine apparence. C'est que le marquis et le vicomte n'étaient plus les deux fous insatiables de fêtes, de soupers et de débauches que le monde avait autrefois recherchés avec empressement. Depuis leur dernier séjour à Paris, depuis leur dernier embarquement à Brest, les deux gentilshommes avaient subi une métamorphose complète. De prodigues, de déréglés, d'insouciants gaspilleurs, de hardis coureurs de bonnes fortunes qu'ils s'étaient montrés, ils étaient devenus brusquement rangés dans leur existence intime : simples dans leurs habitudes, presque ennemis du bruit et du scandale, et enfin, au dire de leurs anciens compagnons de plaisirs, timorés et ridicules.

Quelques minutes avaient suffi, durant un beau soir, pour opérer cette transformation radicale.

Le marquis et le vicomte se promenaient à Brest sur le cours d'Ajot. Ils étaient arrivés depuis quinze jours d'un long voyage transatlantique. Ayant en poche leurs permis de débarquement et un congé suffisant, ils avaient fait leurs adieux à tous leurs amis, et, après avoir opéré une large saignée aux caisses d'une demi-douzaine d'usuriers avec lesquels ils étaient en relations suivies, ils s'apprêtaient à courir la poste vers la capitale du royaume. Le lendemain devait être le jour de leur départ.

Ce soir-là ils se promenaient donc sur le cours au milieu d'une foule empressée d'officiers et d'habitants de la ville lorsqu'un mouvement brusque se fit dans la masse des promeneurs. L'évêque diocésain, alors de passage à Brest pour la bénédiction d'un navire que l'on devait lancer, traversait le cours en sortant d'une petite église voisine où il avait été entendre célébrer l'office du soir.

Près de lui marchait sa tante, Mme de Niorres, veuve d'un officier distingué et l'une des femmes les plus justement estimées de toute la haute société de la ville. Ses deux filles, Léonore et Blanche, cousines germaines de l'évêque, les suivaient accompagnées de deux vénérables ecclésiastiques. Toute cette famille, qui fréquentait peu le monde, était bien connue du peuple de Brest et pas un malheureux n'ignorait le nom de la veuve ni ceux de ses filles. Chacun s'inclinait respectueusement sur le passage du prélat, et toutes les têtes se découvraient par un même mouvement.

MM. d'Herbois et de Renneville, placés par hasard au premier rang, s'inclinèrent comme les autres. C'était la première fois que les deux jeunes gens se trouvaient en présence des demoiselles de Niorres. Tous deux furent frappés de la beauté réellement angélique de ces deux gracieuses jeunes filles, surnommées par le peuple de la ville : les *anges de la miséricorde*.

Un véritable cortège de pauvres indigents accompagnait l'évêque et sa famille, et pas une main tendue ne s'était retirée vide.

Au moment où les deux jeunes filles passaient devant les deux marins, une vieille femme chargée d'années, le visage amaigri, le front pâle, les traits exprimant la souffrance, s'avança brusquement.

— Mes bons anges du Seigneur, dit-elle d'une voix lamentable, mon mari se meurt et je n'ai pas de quoi acheter les médicaments nécessaires pour le soigner.

Léonore et Blanche se détournèrent aussitôt et fouillèrent dans leurs bourses ; mais toutes deux s'arrêtèrent par un même mouvement, et un même sentiment de déception se peignit sur leur frais visage. Elles avaient tant donné déjà que les deux sacs de soie étaient vides. La mendiante continuait ses supplications. Blanche s'adressa à sa mère.

— Tu m'as pris tout ce que j'avais, dit celle-ci avec un sourire mêlé de regret.

L'évêque et les deux abbés avaient eux-mêmes vidé leurs bourses.

— Venez avec nous, dit le prélat en s'adressant à la pauvre femme. Vous le voyez, nos mains sont vides, mais à la maison, nous vous secourerons.

— Monseigneur, dit vivement le marquis d'Herbois en s'avançant, permettez-moi de faire en votre nom une bonne action ; mais, pour que l'aumône soit plus douce et plus agréable à Dieu, elle doit passer par la main des anges.

Et, avec un geste charmant de respectueuse galanterie, le marquis fléchit le genou en présentant à Blanche une bourse pleine d'or, tandis que le vicomte, imitant son ami, s'adressait à Léonore.

Les jeunes filles interrogèrent leur cousin du regard ; puis elles prirent l'aumône en remerciant par un gracieux sourire, et transmirent les deux bourses à la mendiante.

— Oh ! fit celle-ci avec une émotion sincère, je vous unirai tous quatre dans mes prières.

Ce remerciment fit rougir les deux jeunes filles. Les gentilshomme saluèrent et le prélat reprit sa marche.

Cette petite scène avait eu pour témoins les nombreux promeneurs accumulés sur cette partie du cours, et chacun félicita le marquis et le vicomte de leur bonne action.

— Qu'est-ce donc que ces deux jeunes gens? demanda l'évêque en rentrant dans sa demeure.

— Deux pécheurs endurcis, monseigneur, répondit l'un des abbés de sa suite. Le marquis d'Herbois et le vicomte de Henneville, deux jeunes fous qui donnent les plus mauvais exemples.

— Pas toujours, cependant, fit l'évêque en souriant; et, parmi leurs défauts, ils ont une qualité précieuse : la charité chrétienne. Après ce qu'ils viennent de faire, et quoi qu'ils aient fait, je ne désespère pas de leur salut.

Ce fut dans cette touchante circonstance que Léonore et Blanche entendirent prononcer pour la première fois les noms de ceux qu'elles devaient aimer bientôt.

Le lendemain le marquis et le vicomte, qui devaient partir pour Paris, demeurèrent à Brest. Bien plus (et ceci fut le sujet des conversations de toute la société de la ville durant la soirée entière), les deux officiers de marine allèrent le même jour à la messe, à vêpres, et ils entendirent sans sourciller, sans manifester la moindre impatience, un sermon qui dura deux grandes heures, et qui, pour donner à l'auditoire, composé de paysans des campagnes environnantes, plus de facilité à être compris, fut prêché en dialecte breton. On s'égaya sur le compte des deux amis, et comme les plaisanteries devinrent piquantes, deux duels s'ensuivirent; duels dans lesquels le marquis et le vicomte blessèrent grièvement leurs adversaires.

Trois jours après on lançait à la mer la frégate que l'évêque devait bénir.

On sait qu'à cette époque, et avant qu'un ingénieur habile n'eût simplifié de beaucoup les opérations du lancement, cette manœuvre offrait les plus grands périls. L'enlèvement du poulin (le dernier arc-boutant retenant seul la masse énorme du vaisseau) était regardé avec raison comme tellement dangereux, que l'on assurait au forçat de bonne volonté qui se chargeait de ce travail, sa libération complète s'il survivait à l'opération. En effet, le malheureux était obligé de se placer sur le plan incliné, au pied même du navire, sous l'étambot. D'un coup de hache il devait enlever le poulin, et le navire commençait aussitôt, obéissant à son propre poids, sa descente rapide.

Le forçat n'avait pas le temps de se jeter en arrière ou de bondir en avant. Un trou était creusé dans le sol devant le *poulin*, en contrebas de la cale de construction. Le forçat, le coup de hache donné, devait se précipiter dans ce trou, s'y blottir, et le vaisseau passait au-dessus de lui pour accomplir son trajet jusqu'à la mer. Malheur au pauvre diable s'il manquait d'agilité ou de présence d'esprit, il était broyé par l'énorme masse qui l'écrasait sur son passage.

Il fallait donc être jeune, alerte, vigoureux, déterminé, pour se tirer de cette périlleuse opération.

Le jour du lancement de la frégate que devait bénir l'évêque, le soleil était radieux, et la foule, toujours empressée de venir savourer cet émouvant spectacle, emplissait les abords du chantier de construction.

Sur le terre-plein qui dominait l'un des côtés de l'*avant-cale*, des ouvriers voiliers avaient décoré, avec de l'étamine et des pavillons, une estrade couverte et garnie de gradins, estrade destinée à recevoir le prélat, les dames de la ville et les personnes invitées. Une seconde estrade, découverte et élevée sur le côté opposé, était réservée, suivant l'usage, pour les corps de musique de la marine.

Au centre de l'espace se dressait, sur son *berceau*, et encore soutenu solidement par tout un échafaudage, le navire dont la masse gigantesque dominait tout ce qui l'entourait.

La frégate devait être lancée à midi. Dès neuf heures, un détachement de la garnison était venu faire une double haie autour du *berceau*, afin d'en éloigner les curieux imprudents; puis, peu à peu, la foule avait envahi les estrades et le terrain environnant.

L'amiral, le directeur du port, l'état-major, les constructeurs-ingénieurs, les chefs des divers services, les officiers de la garnison et ceux des navires en rade, étaient venus successivement occuper l'enceinte réservée. Le prélat et son clergé avaient fait leur entrée, et Mᵐᵉ de Niorres et ses deux charmantes filles avaient pris place au premier rang de l'estrade. Le marquis d'Herbois et le vicomte de Henneville s'étaient mêlés au groupe composant l'état-major de l'amiral.

Puis les matelots, les contre-maîtres et les maîtres s'étaient avancés, à leur tour, pour procéder aux premières opérations du lancement. C'était un va et vient confus de marins, d'ouvriers, de manœuvres, se heurtant, se nuisant les uns aux autres par leur empressement même, d'où il résultait presque toujours alors de graves accidents et de nombreuses blessures, pêle-mêle bruyant bien loin du majestueux silence et du sentiment d'ordre qui président aujourd'hui à cette opération difficile.

En ce moment, suivant l'usage qui s'est religieusement conservé, les ouvriers charpentiers vinrent au son de la musique, apporter dans d'immenses corbeilles une collection de bouquets de fleurs qu'ils distribuèrent galamment aux dames de l'estrade, en témoignage de la fin de leurs travaux. Car, en effet, la coque construite, les charpentiers-constructeurs n'ont plus rien à faire : le navire appartient désormais à la mer qui va s'entr'ouvrir pour le recevoir et aux mâteurs et aux voiliers qui précèdent, par le gréement, le soin de l'aménagement que les matelots viennent donner ensuite comme dernière toilette.

Au signal de l'ingénieur-constructeur, reconnaissable au porte-voix qu'il tenait à la main en signe de commandement, les accores de l'étrave et de l'étambot tombèrent.

Aussitôt un silence se fit ; le chef commanda l'attention à la manœuvre : les tambours battirent un roulement. Puis, au premier coup sec, comme un appel, les taquets et les coins furent enlevés.

Alors le prélat quitta sa place : il s'avança suivi du clergé et il commença à faire processionnellement le tour de la frégate complètement dégagée, aspergeant la coque d'eau bénite et récitant des prières pour appeler, sur le navire, la bénédiction du ciel. Tous ceux qui ont assisté au grandiose spectacle d'un lancement, se rappelleront l'émotion profonde dont le cœur est agité à ce moment solennel.

Ce jour-là surtout, à Brest, ce sentiment qui dominait la foule était plus puissant encore que de coutume. Depuis quatre années, trois lancements avaient eu lieu et, chaque fois, le forçat chargé de couper le poulin, avait péri victime de son dangereux travail.

Chaque navire lancé avait causé la mort d'un homme et avait passé sur un cadavre pour quitter la terre et aller prendre possession de l'océan. Le souvenir de ces morts affreuses était encore tellement présent, qu'aucun forçat n'avait voulu courir la chance de l'entreprise et tous avaient refusé de jouer leur vie contre la liberté.

Grand, on le conçoit, avait été l'embarras des autorités maritimes, car il était inutile de chercher, parmi les autres classes, un homme voulant engager cette terrible partie puisqu'aucun n'avait à trouver un enjeu suffisant au risque qu'il allait courir.

Déjà il était question de condamner un forçat à se dévouer, mais outre que cette manière de procéder était en dehors des usages reçus, elle présentait encore les plus grands dangers pouvant résulter d'une telle opération mal faite, lorsqu'un vieux matelot se présenta de bonne volonté pour risquer l'entreprise.

C'était un pauvre diable ayant perdu un œil dans la guerre d'Amérique et ne pouvant se servir qu'à peine de sa main gauche affreusement mutilée. Cette blessure l'avait contraint à abandonner le service du roi. Rentré dans ses foyers, il avait vécu avec son fils et sa bru, entouré de cinq petits enfants. Le fils était pêcheur et il avait gagné à peine la nourriture de sa nombreuse famille. Un mois plutôt le malheureux avait péri avec sa barque de pêche.

Cette mort avait apporté la plus horrible misère parmi les pauvres gens. Les petits enfants mouraient d'inanition et la jeune femme d'épuisement. C'était pour soulager sa bru et ses petits-fils, que le vieux matelot avait résolu de se dévouer. Seulement, il avait demandé à ce que la condition de la liberté accordée au forçat en pareille circonstance, fût transformée pour lui en une somme qu'il léguerait à sa famille.

Ces conditions avaient été acceptées par les autorités et le dévouement de ce pauvre grand-père ayant ému tous les cœurs, les deux filles de Mme de Niorres avaient fait une quête à leur profit ; quête dont le résultat avait été de doubler la somme promise.

Cependant, on le comprend maintenant, cette circonstance toute particulière avait redoublé les angoisses de la foule et chacun attendait ce moment fatal avec une anxiété poignante.

Tandis que l'évêque bénissait la frégate, le vieux matelot, sa hache à la main, avait pris au pied de l'étambot son poste périlleux. Quand le prélat passa devant lui, il s'agenouilla dévotement et il récita à haute voix la prière des agonisants.

La foule demeurait haletante et silencieuse : les sanglots étouffés retentissaient de tous côtés. L'évêque s'arrêta, bénit le matelot et il lui adressa quelques phrases de consolation destinées à soutenir son courage.

— Pauvre vieillard ! dit Léonore dont le visage était inondé de larmes. Il va mourir pour donner du pain à ses enfants et un navire au roi.

— Oh ! s'écria Blanche. Je voudrais être homme !

— Pourquoi ? demanda sa sœur avec étonnement.

— Parce que je prendrais la hache des mains de ce

vieillard et que j'accomplirais son œuvre en lui en laissant la récompense...

Le marquis et le vicomte étaient au pied de l'estrade : ils avaient entendu. Un même éclair jaillit de leurs prunelles.

— Vous avez raison, Mademoiselle ! dit M. d'Herbois en se retournant vers Blanche. Pour laisser ce vieillard aller ainsi à une mort certaine, il faudrait qu'il n'y eût ici, parmi les hommes jeunes, que des cœurs sans courage, et grâce à Dieu ! il n'en est point ainsi.

— Viens, Charles !... s'écria le vicomte en entraînant son compagnon et en lançant à Léonore un regard étincelant d'amour.

Les deux jeunes filles demeurèrent un moment comme foudroyées. A cet instant l'évêque achevait de bénir la frégate. Un roulement de tambour retentit : les derniers grands accores tombèrent, les derniers cordages furent largués. La frégate, à cet instant vraiment suprême, ne portant plus que sur son berceau, montrait sa masse énorme suspendue en équilibre sur le plan incliné. Le dernier poulin, celui placé en arc-boutant devant l'étambot, retenait seul le navire.

L'ingénieur-constructeur venait d'examiner la règle graduée placée au bas de l'avant-cale, et ayant jugé que la quantité d'eau produite par la hauteur de la marée était suffisante pour recevoir le navire, il avait été, suivant l'usage, donner cet avis au directeur général du port, lequel l'avait à son tour transmis à l'amiral. Celui-ci fit un geste : les tambours battirent un second coup. Le vieux matelot fit le signe de la croix et il s'approcha du poulin.

Un frémissement parcourut les rangs pressés de la foule... tous les visages pâlirent...

Les tambours battirent un troisième coup... le vieux matelot leva sa hache, mais sa main gauche mutilée manqua de force et il ne put se servir que du bras droit ; un même cri d'angoisse s'échappa de toutes les poitrines...

Le matelot fit un pas en avant et rapppela son courage par un effort suprême, mais au moment où il allait affronter une mort que ses infirmités rendaient inévitable, deux bras nerveux l'enlevèrent de terre, le jetèrent de côté et deux jeunes officiers, chacun une hache à la main, sautèrent de chaque côté de l'étambot. Ces deux officiers étaient MM. d'Herbois et de Renneville.

Un même sentiment de stupéfaction, provoqué par cet événement inattendu, avait galvanisé la foule. Un même cri était prêt à s'échapper de toutes les poitrines, mais ce cri n'eut le temps de jaillir d'aucune bouche.

D'un double coup frappé simultanément, les deux officiers venaient de briser le poulin : la frégate fit un mouvement en avant... le vicomte et le marquis se précipitèrent à la fois dans l'excavation préservatrice, heureusement creusée assez large pour les recevoir tous deux.

La foule haletante gardait le plus profond silence... Tout à coup, l'impulsion descendante, prise par la coque du navire cessa d'avoir lieu. La frégate glissant jusqu'au-dessus du trou venait de s'arrêter dans sa course...

La moitié du poulin abattu, chassé par le pied de

l'étambot, avait rencontré un coin de fer laissé par mégarde sur le plan incliné et formant subitement un nouvel arc-boutant, ce morceau de charpente avait, par un miracle d'équilibre, fait demeurer stationnaire la frégate au commencement de sa course. La masse énorme recouvrait le trou dans lequel étaient ensevelis les deux courageux jeunes gens : il devaient étouffer si la quille n'avait pas atteint l'un ou l'autre. Le moment était horriblement critique.

Donner un second coup de hache sur le morceau du poulin était provoquer une mort certaine, et le débris de charpente craquait déjà sous le poids qu'il supportait. Une même crainte dominait tous les esprits : si le *poulin* brisé n'était pas brusquement chassé, le navire allait s'abattre sur le flanc et c'en était fait alors et du vaisseau du roi et de la vie des deux officiers, car les dégager devenait chose impossible avant de nombreuses heures de travail.

La foule n'osait tenter un mouvement... la douleur étaient peinte sur tous les visages... les autorités maritimes étaient foudroyées par cet accident si peu commun, et les marins, ouvriers, charpentiers présents, comprenaient toute l'horreur de la situation sans trouver moyen de la combattre. Le navire chancela... Une clameur effroyable s'éleva dans les airs... Une seconde encore et la catastrophe était accomplie.

Un homme surgit dans l'espace demeuré libre autour de la frégate. Cet homme, vêtu en simple matelot, paraissait être en proie à une surexcitation d'autant plus formidable, que son visage était d'une pâleur livide. D'un bond il fût au milieu des charpentiers, d'un geste il saisit une lourde masse de fer, puis, se retournant brusquement, il s'élança en face de l'étambot.

La masse se leva et s'abaissa plus rapide que la pensée ; le coin de fer fut enlevé, le morceau du poulin vola en éclats et le navire descendit brusquement. La foule entière ferma les yeux : le matelot broyé devait être sous la quille.

Le navire entra dans la mer au milieu d'un flot d'écume, tangua fortement de l'arrière à l'avant, se redressa et montra, accroché à un grelin qui pendait heureusement de son couronnement, l'intrépide marin qui avait saisi ce bout de corde à l'instant du péril et s'y était suspendu, plongeant dans la mer avec la frégate et reparaissant avec elle aux acclamations délirantes des spectateurs.

MM. d'Herbois et de Renneville étaient sauvés : ils n'avaient rien pu voir de ce qui s'était passé durant leur ensevelissement ; ils ignoraient le danger qu'ils avaient couru et le dévouement de leur sauveur. Quand on amena celui-ci, les vêtements imbibés d'eau et ruisselant des pieds à la tête, il ne paraissait pas comprendre la cause de l'ovation véritable dont il était l'objet.

— Mahurec ! s'écrièrent à la fois le marquis et le vicomte mis au courant de l'événement accompli.

— As pas peur ! répondit le gabier en cherchant à se soustraire à tous ces regards ardemment fixés sur lui, la coque est parée !... pas d'avaries !...

On conduisait le marquis et le vicomte devant l'amiral et devant l'évêque. Le vieux matelot blessé, pour lequel s'étaient dévoués les deux jeunes gens, vint fléchir les genoux devant eux. Blanche et Léonore présentèrent à Charles et à Henri l'une la récompense accordée par l'autorité maritime, l'autre le produit de la quête faite par leurs soins.

— C'est à vous, Messieurs, dit l'amiral, qu'appartient toute la reconnaissance de ce brave homme...

Et du geste il fit signe au deux officiers de prendre ce que leur présentaient les jeunes filles, afin que le double prix de leur dévouement fût transmis par eux-mêmes aux mains de leurs protégés. Mais le marquis et le vicomte firent un geste de refus.

— C'est à la noble inspiration de Mlles de Niorres, dit M. de Renneville, que nous devons le bonheur d'avoir accompli un acte honorable: c'est donc à elles seules qu'il appartient de récompenser.

— Et à notre tour, nous solliciterons une bonne parole pour notre sauveur !... ajouta le marquis en saisissant le poignet de Mahurec et le forçant à s'avancer.

Le gabier, très-ému, jetait des regards ébaubis autour de lui et roulait entre ses doigts les bords de son chapeau de paille.

— Le nom de Mahurec sera affiché demain au pied du grand mât de chaque navire en rade, dit l'amiral, et en son honneur, je lève toutes les punitions imposées depuis quarante-huit heures...

Mahurec voulut remercier, mais il ne put faire sortir un son de son gosier, et il se contenta, suivant sa coutume, de se donner un énorme coup de poing dans le creux de l'estomac.

— Ne pouvons-nous donc rien pour vous témoigner

les sentiments qui nous agitent, Messieurs ? demanda l'évêque en s'adressant aux deux jeunes gens.

— Vous pouvez, Monseigneur, répondit le marquis en hésitant, nous accorder une faveur insigne et dont nous serons profondément reconnaissants.

— Laquelle, Messieurs ?

— Nous permettre de solliciter, de chacune de Mlles de Niorres, le bouquet qu'elles portent toutes deux à la main et que viennent de leur offrir les ouvriers charpentiers...

Le prélat sourit et regarda sa tante. Celle-ci fit un signe affirmatif, et Blanche et Léonore, plus rouges que deux fraises en mai, laissèrent effleurer leurs jolis doigts en abandonnant les bouquets aux deux marins.

Le soir il y avait réunion chez l'amiral. Les deux cousines de l'évêque brillaient de tout l'éclat de leur angélique beauté.

— Si la mort nous eût frappés ? dit le vicomte à l'oreille de Léonore en faisant allusion au danger terrible qu'avaient couru les deux jeunes gens durant l'espace de quelques secondes.

— Oh ! répondit Léonore avec une vivacité qu'elle ne put maîtriser, si la mort vous eût frappés ; le couvent devenait notre seul refuge ! N'est-ce pas, Blanche ?

— Dieu a sauvé notre vie, que ses anges sauvent notre âme !

Le marquis disait vrai. Les deux gentilshommes ressentaient, au fond de leur cœur, avec les germes de l'une de ces passions sincères que rien ne pouvait détruire et que le temps devait augmenter, une transformation subite qui s'opérait en eux.

Ils devinrent de véritables modèles de sagesse, de simplicité et de mœurs édifiantes. Plus de soupers joyeux, plus de parties de débauches, plus d'entraînements scandaleux. Leur unique bonheur était de passer quelques instants auprès de celles qu'ils aimaient, leur seul espoir était un prompt mariage, venant sanctifier cet amour né d'une bonne action et d'un grand acte de courage.

L'évêque, en constatant la passion des deux jeunes gens, avait fait prendre sur eux des renseignements qui tout d'abord avaient péniblement épouvanté son âme pure et son cœur innocent ; mais le prélat était un bon et véritable prêtre, toujours disposé à faire la part aux faiblesses humaines et trop sincèrement vertueux lui-même pour manquer d'indulgence.

— Les derniers seront les premiers, dit l'Ecriture, répondit-il un jour à Mᵐᵉ de Niorres. Le marquis et le vicomte sont entrés dans la voie du salut et ils y marchent d'un pas ferme. Je crois, en toute conscience, que, revenus de leurs erreurs, ils ont abjuré leur folle existence d'autrefois. Tous deux sont issus de familles honorables, vos filles les aiment tous deux, je veux bénir moi-même cette double union dès qu'elle sera sanctionnée par mon père, qui est le chef de notre maison...

C'était quelques jours après cette conversation dans laquelle les deux mariages avaient été décidés, que l'évêque, sa tante et les deux jeunes filles étaient partis pour Paris. Le vicomte et le marquis les suivirent. Malheureusement, le bonheur que ressentaient les deux jeunes gens en se voyant à la veille de la réalisation de leurs vœux les plus chers (car le consentement du conseiller n'était pas mis en doute), malheureusement, ce bonheur n'était pas exempt de tracas intimes, venant troubler une existence devenue tranquille.

Leurs folies d'autrefois leur avaient créé un avenir difficile. Après avoir dévoré leur patrimoine, ils avaient contracté des dettes nombreuses. La passion née tout à coup dans leur cœur avait absorbé à ce point leurs sentiments qu'ils avaient tout oublié en présence de leur amour. Mais leurs créanciers, n'ayant point le même motif pour perdre la mémoire, s'étaient montrés d'autant plus récalcitrants, qu'ils espéraient voir l'évêque venir, à un jour prochain, au secours de ses deux futurs cousins.

Le marquis et le vicomte, pour échapper à des poursuites désagréables, s'étaient jetés dans les griffes d'usuriers plus âpres encore, et (suivant un vieux dicton populaire) *découvrant Pierre pour couvrir Paul*, ils avaient contracté des dettes nouvelles à des intérêts effrayants pour donner quelques à-comptes et empêcher de crier trop hautement la meute aboyant après leurs chausses.

Aussi la société de Brest était-elle divisée en deux camps bien tranchés à l'égard des deux marins. Les uns soutenaient le vicomte et le marquis, chantaient leur louange et approuvaient les unions projetées ; les autres jetaient la pierre à l'évêque, disant que le prélat était coupable de marier ainsi ses deux cousines. Ils le rendaient responsable des malheurs qu'ils prévoyaient dans cette double union, ils prophétisaient la ruine et la misère et ils allaient même jusqu'à accuser les deux jeunes gens d'une spéculation honteuse, en s'appuyant sur ce que le conseiller, dont on connaissait la fortune, devait infailliblement doter ses deux nièces.

Le départ de la famille de l'évêque et des deux futurs époux mit, à peine, un terme à ces cancans qui alimentaient depuis plusieurs mois les conversations de la haute société de Brest. On voulut être au courant des nouvelles.

Ceux qui avaient des amis à Paris et à Versailles écrivirent en donnant et en demandant force détails. Grâce à ces correspondances acharnées, les salons de la cour et ceux de la ville s'occupèrent bientôt du marquis, du vicomte et des deux nièces du conseiller, et les crimes mystérieux, accomplis presque au même instant à l'hôtel de Niorres, vinrent, par une coïncidence fatalement étrange, augmenter encore la curiosité publique déjà excitée.

Comme il arrive toujours en pareille circonstance, les intéressés demeurèrent ignorants des bruits divers dont ils étaient l'objet. MM. d'Herbois et de Renneville, vivant retirés du monde, ne se doutaient pas qu'ils occupaient si fort les conversations de tous : à peine connaissaient-ils les crimes accomplis dans la maison du conseiller, et, ainsi que nous l'avons vu au commencement de ce récit, il avait fallu que le hasard les mît en présence du coiffeur de la reine pour qu'ils acquissent la douloureuse certitude des dangers que couraient celles qu'ils aimaient.

Quant à Mahurec, il s'était embarqué le surlendemain du lancement de la frégate, et il n'était revenu à Brest que depuis le départ pour Paris de ses deux lieutenants.

M. de Suffren, qui aimait sincèrement le marquis et le vicomte et voulait mettre un terme à la fâcheuse situation que leur faisaient ces mariages presque rompus, avait, à leur insu, sollicité leur embarquement à bord des navires confiés par le roi à M. de La Peyrouse.

Mahurec, ignorant les mariages arrêtés à Brest et ayant absolument oublié les deux jeunes filles qu'il n'avait fait qu'entrevoir un seul instant, lors de la circonstance que nous avons rapportée, Mahurec qui ne connaissait pas même le nom des demoiselles de Niorres, Mahurec, en débarquant, ne s'était enquis que d'une seule chose : ses lieutenants étaient-ils toujours à terre ?

En apprenant que MM. d'Herbois et de Renneville avaient reçu leur commission pour partir sous les ordres de La Peyrouse, il avait sollicité aussitôt un ordre d'embarquement pour accompagner les deux jeunes gens, mais ayant échoué dans son entreprise auprès des autorités du port, il avait sollicité un congé et était venu à pied poursuivre sa requête auprès du bailli de Suffren. Nous avons vu quelle réception il avait reçue de l'illustre amiral. C'était donc à Versailles, seulement, que le gabier avait entendu parler des amours de ses lieutenants et des crimes accomplis dans la famille dans laquelle voulaient entrer le marquis et le vicomte.

Nous sommes au lendemain de cette première journée, et vingt-quatre heures se sont écoulées depuis les divers scènes qui ont eu lieu à Versailles, dans l'hôtel de Niorres, dans la rue du Chaume, au jardin du Palais-Royal, chez le teinturier Bernard et dans la maison de jeu.

XV

LES PROJETS

Neuf heures et demie du soir venaient de sonner à une petite horloge rocaille accrochée le long du mur, entre les deux fenêtres de la chambre à coucher du marquis d'Herbois. Charles et Henri, assis tous deux de chaque côté d'un guéridon sur lequel on voyait papiers, plumes et encrier, étaient laborieusement occupés, l'un à consulter une carte étendue devant lui, l'autre à prendre des notes sur un portefeuille de voyage. Une légère vapeur blanchâtre se condensait dans la pièce, et une forte odeur de tabac attestait la présence d'un fumeur. Effectivement, un personnage placé près des deux jeunes gens, assis à califourchon sur une chaise et tenant une courte pipe entre les lèvres, s'entourait, à intervalles réguliers, d'un véritable nuage odoriférant.

Ce personnage n'était autre que notre ami Mahurec, lequel avait fait le matin ême son entrée dans l'appartement de ses lieutenants. Grand avait été l'étonnement des deux jeunes gens en apercevant le gabier qu'ils croyaient encore à Brest ; et lorsque le matelot, dans son pittoresque langage, avait dit la cause de sa présence à Paris et avait annoncé que le bailli de Suffren lui avait accordé la faveur qu'il sollicitait, MM. d'Herbois et de Renneville s'étaient sentis profondément émus de ce témoignage irrécusable d'attachement à leurs personnes. Le marquis et le vicomte, confiants dans le dévouement du gabier, venaient de reprendre, en sa présence, le tracé du plan de conduite qu'ils étaient résolus à suivre.

— Les lettres de Blanche et de Léonore, que Saint-Jean nous a apportées hier soir, sont précises, disait le marquis en désignant les deux épîtres placées sur le guéridon. Elles consentent à nous voir. Elles nous attendront dans les jardins de l'hôtel ce soir à onze heures, alors que tout le monde sera couché. Grâce à la clef que nous possédons de la petite porte donnant sur la rue Sainte-Avoye, nous nous introduirons dans les jardins: nous dirons à Blanche et à Léonore qu'il faut partir sur l'heure avec nous ; nous les déciderons ; au besoin nous les enlèverons, il le faut pour leur sécurité. Saint-Jean et Georges tiendront une voiture prête rue des Quatre-Fils, à l'angle de celle du Grand-Chantier. La voiture est payée, les chevaux sont excellents et capables de nous conduire tout d'une traite jusqu'à Maintenon...

— Mme de Salvetat, ma tante, nous attend dans son château, interrompit le comte. Elle consent à tout, tu le sais. Son chapelain sera prévenu, et demain même nous serons unis. Alors la marquise d'Herbois et la vicomtesse de Renneville échappent à toute autre tutelle que celle de leur mari, et avant de prendre la mer, nous pouvons les conduire au couvent de Rosporden, où ta vénérable cousine, l'abbesse, les prendra sous sa protection. Là, tout danger sera éloigné d'elles.

— Puis, la campagne faite, nous nous réunirons pour ne plus être séparés, car le bailli de Suffren nous a formellement promis un établissement aux colonies.

— Oh! s'écria le vicomte, je voudrais être plus âgé de deux ans, car l'expédition ne durera pas moins.

— Oui, mais nous servirons dignement le roi, et qui sait si, à notre retour, nous n'aurons pas conquis une position digne de celles que nous aimons.

— S'il ne faut que du dévouement, du courage et de l'ardeur, nous réussirons.

— Donc, tout est bien convenu. Cette nuit nous partons, dit le marquis en se levant.

— Il nous reste encore cent louis en caisse, repartit le vicomte. C'est plus qu'il n'en faut pour atteindre le couvent de Rosporden.

— Dieu est pour nous, Henri! il nous protégera!

— Hum! fit une voix sonore. Défie de la houline de revers!...

Le vicomte et le marquis se retournèrent vers Mahurec.

— Que dis-tu donc, garçon! demanda le premier.

— Je dis, répondit le matelot en se levant de son siège pour se rapprocher des deux jeunes gens, je dis qu'il faut veiller au grain et se défier de la marée qui porte au vent.

— Encore ! fit le marquis avec un peu d'impatience. Je ne t'ai jamais vu si craintif, Mahurec. Voyons ! suivant toi, qu'avons-nous donc à redouter ?

— Je ne sais pas, répondit le gabier, et voilà précisément ce qui me détraque la boussole. Quand on sent venir la brise, on sait de quel bord faut amurer ; mais j'ai peur d'un grain blanc, voyez-vous...

Le vicomte haussa les épaules.

— Tu es encore sous l'impression de ton expédition de la nuit dernière, dit-il, et ton dévouement pour nous te fait redouter une tempête là où il y a calme plat, tout ce que tu as vu cependant n'a fait que nous confirmer dans l'excellence de nos dispositions.

— Les deux hommes que tu as entendu causer dans la rue du Chaume, alors que tu étais blotti dans le branchage d'un arbre, reprit le marquis, se donnaient rendez-vous pour cette nuit, n'est-ce pas ?

— Oui, répondit le gabier. Ils disaient comme ça que c'était le lendemain que la chose devait être faite.

— D'après la description que tu nous en as tracée, l'un de ces deux hommes était Saint-Jean, un garçon qui nous est tout dévoué, et il donnait, sans aucun doute, des ordres relatifs à l'événement de ce soir...

C'est possible, mon lieutenant. J'en ai pas relevé assez long pour être sûr et certain de la chose.

— Ensuite, continua Charles, tu es entré dans les jardins et tu as pu voir les demoiselles de Niorres.

— Deux anges du bon Dieu, dignes d'être femmes, filles et mères de matelots finis, et qui vous aiment crânement, mes lieutenants ! Oh ! c'est pas celles-là qui m'inquiètent.

— Qui est-ce donc, alors ?
— C'est l'olibrius en question.
— Celui que tu as suivi jusqu'ici ? Mais c'est ce même Saint-Jean, lequel nous apportait les lettres de Blanche et de Léonore.
— Possible ! mais il a plus le gabarit d'un corsairien que l'apparence d'un honnête homme.
— Enfin, dit le vicomte, qu'as-tu entendu qui te donne cette mauvaise opinion de Saint-Jean ?
— Eh ! fit Mahurec avec un mouvement d'épaule, j'ai rien vu ni rien entendu, puisqu'il paraîtrait voire que tout ce que l'olibrius a largué était exact comme un journal de bord.
— Eh bien, alors ?
— Suffit, mon lieutenant. Vous fâchez pas ; j'ai mal relevé le point, c'est possible... Enfin, ne nous laissons pas coiffer, c'est tout ce que je demande, moi...

Et le gabier, secouant le fourneau de sa pipe sur l'ongle de son pouce gauche, fit, en grommelant, quelques pas dans la chambre. Le vicomte et le marquis s'interrogèrent un moment des yeux, puis, avec un double geste décelant le peu d'attention qu'ils croyaient avoir à accorder aux appréhensions manifestées par Mahurec, ils regardèrent en même temps l'horloge placée entre les deux fenêtres.

— Dix heures ? fit M. d'Herbois ; il est temps de partir...

Le vicomte prit son chapeau placé sur un meuble voisin.

— Avez-vous des armes ? demanda brusquement Mahurec.

— Non, répondit le marquis ; nous n'en avons pas besoin.

— Qui sait ? dit le matelot.

— Nous avons nos épées, fit observer M. de Renneville.

Mahurec alla ouvrir un petit coffret placé sur une table, et en tirant successivement deux paires de ces pistolets à la crosse puissante et au canon court, dont on se servait jadis dans la marine, et bien connus sous le nom de pistolets d'abordage.

— Je les ai chargés, dit-il en présentant chaque paire à chacun des deux jeunes gens. Prenez-les, mes lieutenants.

— Soit ! répondit en souriant le marquis. S'il ne faut que cela pour te rassurer, sois tranquille.

Les deux officiers mirent les armes dans les poches de leurs habits.

— Maintenant, dit le vicomte, partons !...

MM. d'Herbois et de Renneville quittèrent leur logis, suivis par Mahurec, lequel marchait en secouant la tête et en paraissant augurer fort mal de l'expédition entreprise par ses chefs.

Il était alors dix heures et quelques minutes du soir. Paris était silencieux et presque désert, car à cette époque, et bien que le régime du couvre-feu ne forçât plus les particuliers à éteindre à heure fixe leurs lumières, les boutiques se fermaient une fois la nuit venue, et peu de bourgeois quittaient leurs demeures après le moment du souper. Les trois hommes atteignirent, sans échanger une parole, le haut de la rue Sainte-Avoye qu'ils descendirent jusqu'à celle des

Vieilles-Audriettes. Ils étaient alors à quelques pas seulement des jardins de l'hôtel de Niorres.

— La voiture doit stationner à l'angle de la rue du Grand-Chantier, dit le marquis en s'arrêtant.

— Oui, répondit le vicomte ; et il me semble distinguer dans l'ombre...

— Voulez-vous que j'aille relever le point? demanda Mahurec en s'avançant.

— Non ; demeure ici avec le vicomte et attendez-moi tous deux...

En achevant ces mots, le marquis s'éloigna. M. de Renneville et le gabier demeurèrent à la place où les avait laissés M. d'Herbois. Le plus profond silence régnait autour d'eux.

— Quand le marquis sera revenu, dit le vicomte à voix basse, nous tournerons le mur de clôture du jardin, et nous gagnerons la petite porte que nous laiserons ouverte derrière nous. Ce sera ton poste, matelot ! Quoi qu'il arrive, quoi que tu entendes, tu ne l'abandonneras pas. Le moment arrivé, nous partirons ensemble ; mais rappelle-toi que ton devoir est de nous conserver libre le seuil de la porte sur lequel tu veilleras.

— As pas peur, mon lieutenant, répondit Mahurec, on tiendra bon...

M. d'Herbois revenait vers ses deux compagnons.

— Eh bien ? demanda le vicomte.

— La voiture est prête ; Georges conduit les chevaux ; je lui ai parlé ; Saint-Jean a tenu sa parole.

— Alors, au jardin ; voici l'heure...

Le vicomte et le marquis regagnèrent la rue Sainte-Avoye ; Mahurec les suivit pas à pas.

La petite porte était située à peu de distance de la rue des Vieilles-Audriettes ; la rue était absolument déserte. Aucun regard indiscret ne pouvait espionner les jeunes gens.

Le marquis, tenant à la main la clef qu'il avait fait faire d'après l'empreinte remise par Saint-Jean, s'approcha de la porte pratiquée dans la muraille et l'ouvrit. Le vicomte s'élança rapidement. Cette partie du jardin dans lequel le jeune homme venait de pénétrer était boisée ; mais une allée, tournant d'abord à gauche, et se dessinant ensuite en ligne droite, permettait à l'œil de découvrir la pelouse s'étendant devant la façade intérieure des bâtiments.

C'était dans cette allée que s'étaient promenées, la veille au soir, Blanche et Léonore, et le salon de verdure, dans lequel Mahurec s'était tenu blotti, était situé précisément à son extrémité.

M. de Henneville s'était avancé avec précaution. Tout à coup il fit un mouvement rétrograde.

— Je ne vois rien, dit-il à voix basse au marquis. Elles nous attendent sans doute sous les charmilles ; viens !...

Le marquis fit un signe à Mahurec ; et, prenant le bras du vicomte, marcha avec lui sous la voûte sombre formée par l'entrelacement des branches des arbres qui bordaient l'allée. Mahurec, demeuré dans la rue, retira sur lui la porte qu'il laissa cependant entr'ouverte ; puis s'appuyant contre la muraille, il resta immobile.

— Nous v'là dans la vase ! murmura-t-il à part lui. Autant vaudrait naviguer dans le goulet de Brest avec une brise carabinée! Enfin... on verra!...

Et, avec un geste empreint d'une résignation profonde, le matelot enfonça ses deux mains dans les poches de sa vareuse, se tenant prêt à tout évènement.

Pendant ce temps les deux jeunes gens avançaient toujours.

XVI

LA CORRESPONDANCE

Ce soir-là l'exécution du plan, arrêté la veille entre M. de Niorres et Saint-Jean, devait avoir lieu.

Le matin même, ainsi que cela avait été convenu, Saint-Jean avait été appelé par son maître, lequel lui avait donné, devant son gendre et sa bru, l'ordre de quitter Paris sur l'heure et de se rendre à Brest, afin de surveiller l'exécution des volontés suprêmes manifestées dans son testament par l'évêque, volontés relatives aux intérêts de son diocèse. Ce prétexte était tellement naturel, tellement plausible, que M. de Nohan et Mme de Versac le prirent pour vrai, et que pas un des gens de l'hôtel ne s'étonna du départ précipité du valet de chambre.

Saint-Jean fit ses malles bien ostensiblement : il alla prendre congé de ses maîtres, il pleura en quittant M. de Niorres et sa famille, il sollicita, de Mme de Niorres, la permission de saluer, avant de partir, les deux nièces du magistrat, et, après avoir passé quelques courts instants dans l'appartement de Blanche et de Léonore, il se mit en route, conduit jusqu'au premier relais par les chevaux et le cocher du conseiller. Une heure après il n'était plus question, à l'hôtel de la rue du Chaume, de l'absence du fidèle valet.

Vers deux heures de l'après-midi, après avoir rendu sa visite quotidienne à son beau-père, Mme de Versac demanda sa voiture. Elle était inquiète à propos de la santé de son neveu, dont les fraîches couleurs pâlissaient depuis plusieurs jours, et elle voulait aller consulter le célèbre docteur Louis, lequel habitait Versailles. Elle annonça à ses parents qu'elle ne reviendrait qu'assez tard dans la soirée, attendu qu'elle irait visiter probablement sa cousine, Mme de Noailles.

Mme de Versac emmena son fils, sans lequel elle ne sortait jamais ; et prenant dans ses bras son neveu, le pauvre orphelin à peine âgé de neuf semaines, elle monta en voiture. Mme de Nohan, légèrement indisposée, ne pouvait accompagner sa belle-sœur ; Mme de Versac partit donc en compagnie seulement des deux enfants et de la nourrice du petit Louis.

A quatre heures, M. de Niorres sortit, seul et à pied. Le conseiller, sans confier à personne le but de sa promenade, se rendait chez M. Lenoir auquel il était résolu à confier, dans ses moindres détails, le plan arrêté entre lui et Saint-Jean, afin que le lieutenant de police pût aposter des hommes pour espionner le valet lors de son véritable départ avec l'enfant.

M. et Mme de Nohan, Mme de Niorres et ses deux filles demeurèrent à l'hôtel.

Le gendre, la fille et la belle-sœur du magistrat s'étaient réunis dans le petit salon de verdure que nous connaissons, et qui, la nuit précédente, avait servi d'asile à Mahurec.

Les deux jeunes filles étaient enfermées dans leur appartement depuis le départ de Saint-Jean ; elles travaillaient chaque jour jusqu'à l'heure du souper, et Mᵐᵉ de Niorres ne venait même jamais les troubler durant le moment consacré aux études. Dans le petit salon de verdure, la conversation, triste et sévère, roulait naturellement sur les causes de cette désolation qui plongeait toute la famille dans un deuil affreux.

La légère indisposition de sa femme qui, dans toute autre circonstance, eût à peine excité l'attention, provoquait l'inquiétude de M. de Nohan. Depuis cette effrayante série de catastrophes qui avait décimé les parents du conseiller, le moindre événement soulevait les craintes les plus poignantes. Devinant ce qui se passait dans l'âme de son mari, Mᵐᵉ de Nohan s'efforçait de le rassurer en lui affirmant qu'elle ne ressentait aucun symptôme alarmant ; mais M. de Nohan paraissait en proie à la surexcitation morale la plus vive.

Voulant décider sa femme à quitter Paris ainsi que cela avait été convenu entre lui et son beau-père, il exagérait ses craintes afin de la contraindre à céder à ses prières pour ramener le calme dans son esprit. Mᵐᵉ de Nohan avait si formellement exprimé sa volonté de ne pas abandonner son père dans ce moment de crise, que son mari n'avait pas osé aborder encore la proposition de départ.

A cinq heures et demie M. de Niorres rentra. Son

front était plus pâle encore que de coutume, ses traits plus tirés, l'expression de sa physionomie plus sombre et plus inquiète. Parfois des tressaillements fébriles agitaient convulsivement tout son être.

— Mon Dieu, mon père ! s'écria M™ de Nohan en remarquant l'altération du visage du conseiller, qu'avez-vous ? Est-ce un nouveau malheur que vous venez nous annoncer ?

— Non, rassurez-vous, répondit M. de Niorres. Je n'ai rien appris qui puisse augmenter notre affliction..

Puis se tournant vers sa belle-sœur :

— Où sont donc vos filles ? demanda-t-il.

— Dans leur appartement, mon frère. Elles travaillent, répondit M™ de Niorres ; mais si vous le désirez, je vais les faire appeler.

— Non, cela est inutile, dit le conseiller, répondant évidemment davantage à ses propres pensées qu'aux paroles de M™ de Niorres ; je les verrai plus tard... Mais... je voudrais... D'ailleurs, continua-t-il brusquement en changeant de ton, il vaut mieux qu'elles n'entendent pas ce que j'ai à dire.

— Il s'agit donc d'elles ? dit M™ de Niorres.

— Oui...

M. de Nohan se leva discrètement.

— Restez ! dit vivement le conseiller. Vous et ma fille pouvez tout entendre : c'est une affaire de famille. Je veux parler, ma sœur, des mariages de vos filles...

— Avez-vous donc vu MM. d'Herbois et de Henneville ? demanda la mère de Blanche et de Léonore.

— Je les ai vus hier...

— Où cela ? Ici ?

— Je les ai rencontrés, dit le conseiller sans vouloir s'expliquer davantage.

— Et que vous ont-ils dit ?...

— Ils m'ont pressé de laisser accomplir les unions projetées, mais ce n'est pas de leurs désirs qu'il s'agit, c'est d'eux-mêmes. Je m'étonne que feu mon fils, dont Dieu ait l'âme, et dont le sens juste et droit m'était si connu, et que vous, ma sœur, femme de cœur et d'esprit comme vous l'êtes, vous ayez tous deux accueilli les propositions du marquis d'Herbois et du vicomte de Renneville. Le passé de ces jeunes gens devait cependant vous éclairer sur leur avenir.

— Comment ? dit Mme de Niorres. Que voulez-vous dire ?

— Je veux dire que MM. d'Herbois et de Renneville sont indignes de l'uniforme qu'ils portent, du titre de gentilshommes que leur vaut leur naissance ! s'écria le conseiller avec emportement.

— Qu'ont-ils fait? demanda M. de Nohan en s'avançant.

— Vous allez le savoir. MM. d'Herbois et de Renneville aiment mes nièces, prétendent-ils ; ils respectent ma famille et brûlent du désir d'y prendre rang. Les effroyables malheurs qui nous accablent devraient donc les trouver compatissants à nos douleurs...

— Oh ! dit Mme de Niorres, je suis certaine que leur affliction est profonde et sincère...

Le conseiller haussa les épaules :

— Savez-vous comment ils se consolent du retard apporté à leur union ? Eux, qui hier encore, ont joué devant moi une comédie honteuse ; eux dont je rougis aujourd'hui d'avoir écouté les phrases mensongères, passent, depuis leur arrivée à Paris avec vous, leurs heures d'oisiveté dans les boudoirs de courtisanes impures. La Guimard et la Duthé, dont les réputations scandaleuses sont peut-être venues jusqu'à vous, ma sœur, remplacent momentanément vos filles dans le cœur de ces Messieurs !

— Quelle horreur ! s'écria Mme de Niorres, dont l'orgueil naturel se trouva cruellement et subitement ulcéré par l'annonce de cette déloyauté de ceux qu'elle s'était plu à regarder comme ses futurs gendres.

— Ce n'est pas tout, continua le conseiller avec une véhémence nouvelle. Pour se faire aimer par de pareilles créatures, il faut jeter l'or à pleines mains sous ours pas. Eh bien ! comme ces Messieurs sont pauvres, comme ils ont dévoré leur patrimoine et qu'ils n'ont plus rien, personnellement, à offrir en garantie aux usuriers qui leur ferment leurs caisses, ils ont osé, pour emprunter, salir au contact du leur, les noms de vos filles, Madame, votre nom enfin, le mien !

— Ils ont fait cela ! s'écria Mme de Niorres en bondissant sur son siège.

— Monsieur, dit M. de Nohan avec force, expliquez-vous nettement, car votre nom, mon père, est désormais allié au mien, et quiconque le souille entache mon propre honneur !

— Mon père ! dit Mme de Nohan en joignant les mains, êtes-vous bien certain de ce que vous avancez-là ? Comment êtes-vous arrivé à la connaissance de ces abominables méfaits ?

— Je quitte à l'instant M. Lenoir ! répondit le magistrat en baissant la voix.

— Le lieutenant de police ?...

— Et c'est lui, ajouta M. de Nohan, qui vous a révélé...

— C'est lui, interrompit le conseiller, qui, à l'aide de ses habiles agents, est parvenu à acquérir une double preuve de l'infamie de ces deux hommes.

— Oh ! fit Mme de Niorres en voilant de ses mains son visage décomposé.

— Mais, dit M. de Nohan, ces preuves dont vous parlez, mon père : quelles sont-elles ?

— Indiscutables ! irrécusables ! Voici deux lettres : l'une du vicomte adressée à Mlle Duthé, l'autre du marquis adressée à Mlle Guimard. La correspondance entière, paraît-il, était des plus volumineuses. On n'a pu s'en procurer que ces deux échantillons : le reste a été fait racheter en sous-main, il y a quelques jours, par le marquis et le vicomte, sans doute, afin d'anéantir les preuves de leur infamie. Par bonheur, ces deux missives ont pu être soustraites par un agent adroit et elles sont concluantes : elles sont toutes deux datées du 28 juin dernier. Elles n'ont pas quinze jours !...

Et le conseiller tendit les deux lettres qu'il froissait dans sa main : Mme de Niorres les saisit avidement, les parcourut, et, avec un geste de mépris, les rejeta loin d'elle. M. de Nohan les ramassa toutes deux et il les lut. Il haussa les épaules avec une expression de blâme :

— Ils sont bien fous ou bien coupables ! dit-il.

— Des fous ne font pas de pareils actes ! répondit le conseiller en représentant un autre papier tout ouvert. Ceci est une copie faite par moi sur l'original d'un engagement pris par MM. d'Herbois et de Renneville. Il s'agit d'un emprunt fait par eux à un juif nommé Isaac Weitler, par l'entremise d'un certain Roger dont le nom cependant n'est pas dans l'acte. Le marquis et le vicomte, pour continuer, sans aucun doute, leur existence débauchée, ont emprunté, je ne sais quelle somme, pour quatre cents louis reconnus dus par eux, et qu'ils s'engagent à rendre à l'usurier le lendemain de leur mariage avec Mlles Blanche et Léonore de Niorres. Voyez, ma sœur! voyez, mon gendre! Les noms y sont bien en toutes lettres!

— Mes filles! mes pauvres enfants! s'écria Mme de Niorres. Oh! ces hommes sont des monstres, et je veux, moi-même...

— Madame, interrompit M. de Nohan avec une extrême noblesse, ma respectable tante, le soin de l'honneur de vos filles regarde seuls M. de Niorres et moi. Puisqu'un destin impitoyable a fait de moi le plus jeune chef de la famille, je ne faillirai pas à mon devoir? Le marquis d'Herbois et le vicomte de Renneville me rendront raison de l'affront fait au nom de mon père!

— Mon ami! s'écria Mme de Nohan effrayée de ce que venait de dire son époux.

— Ne craignez rien, Hélène! Dieu sera pour moi.

— Vous ne vous battrez pas! dit vivement M. de Niorres. Un duel rendrait public un scandale qu'il faut étouffer. Je me charge, seul, de terminer cette affaire. Si j'en ai parlé devant vous tous, cela a été pour prouver à ma sœur que ce n'était pas sans raison que je m'opposais aux mariages arrêtés sans mon consentement. Désormais ces unions sont rompues...

— Mon Dieu ! fit M?? de Nohan. Blanche et Léonore vont cruellement souffrir. Pauvres enfants... comment leur apprendre cette rupture définitive ?

— Je me charge encore de ce soin, répondit M. de Niorres. Je parlerai à mes nièces.

— Quand cela ? demanda la mère avec une vive anxiété.

— Sur l'heure même, ma sœur !

— Mais elles les aiment toutes deux ! s'écria M?? de Niorres en songeant au coup douloureux qu'allaient recevoir ses filles bien-aimées.

— Raison de plus pour détruire cet amour avant qu'il ne prenne des nouvelles forces.

— Ne faudrait-il pas mieux attendre, mon père ? dit M?? de Nohan.

La jeune et charmante femme, comprenant la situation de ses deux cousines, cherchait, dans son excellent cœur, un moyen d'adoucir le chagrin des jeunes filles, et comme elle ne trouvait pas ce moyen qu'elle cherchait si avidement, elle espérait que le temps le lui pourrait suggérer.

— Pourquoi attendre ? pourquoi reculer ? dit le conseiller d'une voix ferme. Si Léonore et Blanche doivent souffrir, souffriraient-elles moins demain qu'aujourd'hui ? D'ailleurs, qu'est-ce que ces douleurs comparées à celles qui nous ont assaillis tous depuis deux mois. Laisser mes nièces dans l'ignorance de ce qui est, leur permettre de se bercer de vaines illusions, serait rendre plus terribles la connaissance forcée de la vérité, le réveil qui suivrait le songe. Il faut que Léonore et Blanche sachent qu'elles doivent arracher cet amour de leur cœur et je vais le leur apprendre...

Mme de Niorres et Mme de Nohan se levèrent avec un même mouvement et dans l'intention évidente d'accompagner le conseiller chez les deux jeunes filles.

— Restez ! leur dit M. de Niorres. Je préfère causer seul avec elles...

En achevant ces mots, il quitta le petit salon de verdure et traversa la pelouse pour gagner l'entrée de l'habitation donnant dans le jardin.

L'appartement de Blanche et de Léonore était situé au même étage de l'hôtel que le cabinet de travail du conseiller. Une longue galerie servant de dégagement aux pièces, suivant le mode de construction de l'époque, courait dans toute l'étendue de l'étage.

M. de Niorres atteignit cette galerie et la parcourut jusqu'à la hauteur de l'appartement des jeunes filles. Arrivé là, il s'arrêta, réfléchissant à la manière dont il devait aborder ce pénible entretien. On n'entendait aucun bruit provenant de l'intérieur et décelant la présence des deux jeunes personnes. Un silence profond régnait dans cette partie de l'hôtel.

Le conseiller porta la main sur la clef demeurée à la serrure, mais il hésita comme s'il eût pensé, d'après le silence qui régnait, que ses nièces eussent quitté leur chambre. Un faible gémissement parvint cependant jusqu'à lui. M. de Niorres ouvrit violemment la porte et il entra.

Cette pièce dans laquelle il pénétrait et transformée, depuis l'arrivée des deux jeunes filles à l'hôtel de Niorres, en salon de travail, était de proportion assez vaste et s'éclairait sur la grande cour. Une table chargée de papiers et de livres, deux corps de bibliothèque, un clavecin dans un angle, des métiers à tapisserie devant les fenêtres indiquaient suffisamment les habitudes studieuses et laborieuses de Blanche et de Léonore.

Au moment où le conseiller pénétrait dans ce petit salon, il était absolument désert et rien ne décelait qu'il eût même été visité dans la journée par ses propriétaires. Le clavecin était fermé, les métiers à tapisserie étaient vides et la table de travail, symétriquement rangée, n'avait dû voir personne s'asseoir devant elle depuis l'instant où les domestiques avaient quitté l'appartement.

Etonné de ne pas rencontrer là celles qu'il croyait y trouver, le conseiller traversa vivement la pièce et ouvrit une autre porte donnant sur la chambre à coucher : un douloureux spectacle frappa aussitôt sa vue.

Les deux jeunes filles formaient un groupe qu'un peintre eût été heureux de saisir pour modèle s'il eût voulu représenter la désolation dans sa souffrance la plus poignante. Léonore à demie renversée dans un fauteuil bas de forme, les mains pendantes, la tête appuyée sur le dossier du siège, le visage pâle comme un marbre, les yeux à demi fermés, les joues sillonnées par des larmes abondantes qui s'échappaient des paupières rougies et tremblottaient à l'extrémité de ses longs cils, demeurait immobile comme si elle eût été évanouie. Des papiers froissés et trempés par les pleurs gisaient sur ses genoux.

Blanche, debout près de sa sœur, le coude appuyé sur le dossier du fauteuil, étreignant son front brûlant de ses deux mains crispées, sanglotait sourdement.

Un tressaillement convulsif agitait son corps ployé et sans force, et soulevant sa poitrine, faisant frémir ses épaules. Ses cheveux dénoués tombaient autour d'elle. Ses petits pieds foulaient, avec une sorte de rage douloureuse, des lettres ouvertes et lacérées qui jonchaient le tapis.

Toutes deux étaient tellement absorbées par les sensations qui les torturaient, qu'aucune d'elles ne s'aperçut de la présence d'un témoin de leur souffrance.

M. de Niorres, demeuré sur le seuil de la porte, contemplait cet attendrissant tableau. Depuis deux mois le spectacle de la désolation était si fréquent dans sa maison, que le magistrat ne pouvait plus trouver de larmes pour soulager son cœur. Son œil sec, profondément bistré, allait de l'une à l'autre des deux jeunes filles, mais le regard ne témoignait aucun étonnement.

— Pauvres enfants ! murmura-t-il en reportant vers le ciel ce regard qui se détacha lentement du groupe formé par Blanche et Léonore, pauvres enfants !... tant d'afflictions à leur âge !... Oh ! pourquoi la colère de Dieu s'appesantit-elle ainsi sur moi et sur les miens ?

Et il s'avança doucement. Le bruit de ses pas fit tourner la tête à Blanche, et un cri étouffé s'échappa de sa gorge.

— Mon oncle ! dit-elle.

— Mon oncle ! répéta faiblement Léonore en tressaillant à son tour.

Sans se rendre compte de ce qu'elles faisaient, les deux jeunes filles, par un même mouvement instinctif, se précipitèrent sur les papiers épars sur elles et autour d'elles et les réunirent avec l'empressement d'un avare qui ramasse son trésor ou d'un coupable qui veut cacher les preuves d'un larcin qu'il vient de commettre.

M. de Niorres vit ce mouvement, fronça le sourcil, s'avança plus vivement, et, saisissant quelques-uns des papiers que n'avaient pu encore enlever les jeunes filles, il les parcourut d'un œil attentif. Son étonnement se manifesta par une sourde exclamation.

— Qui vous a remis ces lettres ? dit-il avec une vivacité extrême.

Les deux jeunes filles baissèrent la tête et aucune parole ne sortit de leurs lèvres.

— Qui vous a remis ces lettres ? répéta le conseiller d'un ton de commandement. Comment avez-vous entre les mains ces correspondances ?... d'où viennent-elles ?... qui les a apportées ici ?... Parlez !... répondez !... je le veux !

— Nous ne savons rien ! balbutia Blanche.

— Quoi ! vous ignorez comment vous possédez ces papiers ?

— Oui, mon oncle !

— Impossible !

— Nous ne mentons pas, dit Léonore avec un accent de sincérité tel qu'il ne permettait pas le moindre doute.

— Mais enfin, reprit le conseiller après un moment de silence, comment et où les avez-vous trouvés ?

— Ce matin, dit Blanche en faisant un effort pour arrêter les larmes qui inondaient son frais et gracieux visage, et alors que nous étions encore dans cette chambre, Saint-Jean est venu prendre congé de nous et nous demander si nous n'avions aucun ordre à lui donner relatif au voyage qu'il allait entreprendre. Nous voulions, Léonore et moi, lui remettre deux souvenirs que nous désirions envoyer à deux de nos jeunes amies de Brest : c'étaient des ouvrages de tapisserie auxquels nous avions travaillé depuis un mois. Ces tapisseries, je les avais placées hier soir dans le coffre qui se trouve sur le clavecin. Quand je les y avais mises, le coffre était absolument vide, j'en suis certaine. Eh bien ! lorsque, ce matin, j'allai ouvrir le coffre, je trouvai sous les tapisseries deux paquets de lettres. Dans la précipitation que je mettais à préparer notre envoi, je rejetai ces papiers sans y apporter grande attention ; puis, Saint-Jean une fois parti, et comme je revenais vers Léonore demeurée toujours dans cette chambre, ces paquets de lettres frappèrent de nouveau mes regards. Je les pris, je les ouvris... les lettres n'étaient point fermées... j'en parcourus une presque involontairement, et... et...

La jeune fille s'arrêta ; un sanglot, en déchirant sa gorge, ne permit plus aux paroles de s'échapper de ses lèvres. M. de Niorres avait compris. Les lettres qu'il avait saisies et qu'il avait lues, les visages bouleversés de ses deux nièces rendaient superflue toute explication nouvelle.

Les jeunes filles étaient en possession de cette correspondance amoureuse des deux jeunes gens avec les deux courtisanes, correspondance dont le lieutenant de police avait remis des extraits au magistrat. Qui avait remis ces paquets dans l'appartement des nièces du conseiller ? Dans quel intérêt avait-on agi et comment s'y était-on pris pour faire parvenir ces papiers à la portée des fiancées du marquis et du vicomte ? Ces questions préoccupèrent vivement l'esprit de M. de Niorres, mais cependant il les considérait comme secondaires : le but principal étant atteint.

Blanche et Léonore connaissaient maintenant la conduite méprisable de MM. d'Herbois et de Renneville, et le conseiller avait pu éviter le douloureux embarras de leur révéler la triste vérité. M. de Niorres, profondément touché par le spectacle de l'affliction des deux pauvres enfants, attira à lui les deux sœurs, et les entourant de ses bras avec un geste paternel :

— Chères et douces créatures, dit-il d'une voix émue, je comprends tout ce que doit souffrir votre cœur si cruellement ulcéré, mais vous êtes toutes deux filles de mon frère ; le noble sang de mes ancêtres circule dans vos veines, et, en face de l'insulte, vous ne vous laisserez pas abattre : vous serez fortes !

— Oh ! dit Blanche avec l'accent d'une énergie au-dessus de sa constitution délicate, oh ! je vous jure, mon oncle, que, dussé-je mourir de chagrin, je ne pardonnerai jamais !

— Et vous, Léonore ? demanda le conseiller.

— Moi ! répondit la jeune fille en s'affaissant sur elle-même comme une pauvre fleur brisée par la tempête, je voudrais mourir !

— Léonore ! s'écria Blanche, ma sœur !... tu ne m'aimes donc plus !...

— Oh ! fit Léonore avec un accent déchirant, je souffre tant !

— Et moi ! dit la jeune sœur, crois-tu donc que ma douleur soit moindre ?

Et les pauvres petites, s'étreignant mutuellement, éclatèrent en sanglots. La torture morale qu'elles subissaient brisait leurs forces physiques.

M. de Niorres se recula et les contempla en silence. Il n'osait prononcer une parole de crainte d'amener une crise plus violente. Enfin Blanche, dont le caractère était plus énergique que celui de sa sœur, parvint la première à comprimer les élans de son désespoir.

Se retournant vers le conseiller, qui demeurait muet et immobile à la même place :

— Mon oncle, dit-elle, puisque vous connaissez maintenant la cause de nos chagrins, nous n'avons plus qu'à vous faire part de la résolution que nous avons prise. Nous vous remercions d'avoir écarté de nous un malheur irréparable en vous opposant à l'accomplissement d'un projet que notre crédulité nous faisait envisager au travers d'un prisme menteur. Nous vous demandons humblement pardon pour l'accusation que nous osions porter contre vous de vouloir vous opposer à notre bonheur. Quant à ces hommes...

Ici la voix de Blanche s'éteignit dans sa gorge et un frémissement convulsif agita tout son corps, mais elle fit un effort et surmonta ce moment de faiblesse.

— Quant à ces hommes, reprit-elle avec une sorte de violence, quant à ceux qui se sont indignement joué de nous et qui ne reculaient pas devant la perte de deux jeunes filles qui les aimaient avec tout le dévouement de leur cœur, ils n'existent plus pour nous. La honte plus encore que la douleur fait en ce moment couler nos larmes... Ces hommes ont mérité notre mépris... Dieu nous accordera la grâce d'effacer de nos souvenirs jusqu'à leurs noms que nous unissions dans nos prières à ceux de notre mère et au vôtre. Soyez sans crainte, Monsieur, vos nièces sauront se montrer dignes de vous ; n'est-ce pas, Léonore ?

Léonore secoua doucement la tête.

— Le couvent sera notre refuge ! murmura-t-elle.

M. de Niorres s'avança vers ses nièces, les pressa toutes deux contre sa poitrine, les baisa tendrement au front, puis, levant au-dessus de leur tête ses mains amaigries comme s'il les eût bénies toutes deux mentalement, il adressa au ciel un regard empreint de souffrance et quitta la chambre sans proférer une parole.

Léonore était tombée à genoux et paraissait prier. Blanche debout, les mains appuyées sur le dossier d'un siège qu'elle étreignait de ses doigts crispés, le front contracté, l'œil fixe, les joues fiévreusement rougies, contemplait sa sœur dont les sanglots soulevaient les blanches épaules.

Tout à coup la jeune fille quitta sa place, elle fit un pas en avant, et levant ses deux bras comme pour implorer la puissance divine :

— Ah ! s'écria-t-elle avec explosion, hier encore ils osaient nous supplier de les recevoir dans le jardin de l'hôtel. Ce soir, ils vont venir.

— Je ne veux pas les voir ! dit Léonore avec un geste d'effroi.

— Les voir !... répéta Blanche ; oh ! non, certes !... leur présence seule me ferait trop de mal ! Ce soir même, il faut que notre mère nous conduise au couvent. Viens, Léonore, allons solliciter cette consolation qu'elle ne refusera pas à notre douleur !

XVII

MADAME DE VERSAC

M. de Niorres sacrifiant peu aux lois de la mode, avait conservé dans sa maison une partie des anciens usages. En dépit de récentes innovations qui avaient reculé jusqu'à cinq heures l'instant du dîner, ce repas, chez l'honorable conseiller au parlement, avait lieu encore à deux heures de l'après-midi chaque jour : aussi le soir soupait-on à neuf heures.

Depuis que le conseiller s'était vu si douloureusement frappé dans ses affections les plus chères, ceux qui restaient de sa famille avaient compris qu'il fallait resserrer, autour du vieillard, les liens qui l'unissaient à ses parents.

Autrefois, ainsi que nous l'avons expliqué, chacun des enfans vivait séparément avec sa petite famille, et ce n'était qu'à des jours déterminés que tous se rassemblaient à la table du chef de la maison de Niorres. Mais espérant, par un surcroît de sollicitude, combler les vides qui s'étaient faits autour du magistrat, sa fille, son gendre et sa belle-sœur avaient résolu de passer chaque soirée auprès de lui, et, l'heure du souper étant devenue l'instant de la réunion, le repas était pris en commun par tous les membres de la famille.

La grande salle à manger de l'hôtel voyait donc chaque soir, à neuf heures, M. de Niorres prendre place à table au milieu de tous ceux des siens que la mort avait épargnés. Ce moment avait toujours quelque chose de solennel; cette famille en grand deuil, ce vieillard le front chargé de lugubres pensées, ces valets habillés de noir circulant sans bruit dans cette salle immense, dont le point central était seul éclairé, offraient un spectacle dont l'aspect eût suffi pour glacer le cœur le plus joyeux.

La tristesse de chacun était grande, et jamais un sourire, jamais un mot joyeux n'égayaient le repas. Tout ce que l'on pouvait faire était d'éviter une allusion pénible qui eût rouvert les plaies encore saignantes que chacun portait au cœur; mais à défaut des lèvres, qui demeuraient muettes, les yeux parlaient un funèbre langage.

Bien souvent un regard sombre parcourait la table, et en comptant ceux qui étaient assis, ce regard comptait ceux qui manquaient! Alors un soupir s'exhalait d'une poitrine oppressée et une tête se détournait pour cacher les larmes qui mouillaient le visage.

Après le souper, on passait dans la chambre du magistrat. Le conseiller ouvrait quelque livre saint et cherchait, dans une pieuse lecture faite à voix haute, non pas une consolation à ses chagrins, mais une force nouvelle pour résister au désespoir qui déchirait son âme.

Quelquefois, durant ce moment, M. de Niorres permettait à ses nièces de quitter la chambre, et dans sa bonté pour les pauvres jeunes filles, les engageait à une promenade dans le jardin. Il comprenait tout ce que cette existence lugubre devait avoir de pénible pour deux enfants dont la jeunesse était ainsi voilée de deuil.

Le soir qui suivait les diverses scènes que nous venons de rapporter et tandis que MM. de Renneville et d'Herbois combinaient, en présence de Mahurec, le plan d'enlèvement qu'ils avaient pris la résolution d'exécuter, attendant avec impatience que sonnât l'heure du rendez-vous accordé par Blanche et sa sœur : M. de Niorres, sa belle-sœur, M. et Mme de Nohan étaient assemblés dans le salon précédant la salle à manger.

Neuf heures venaient de sonner et le conseiller avait ordonné que le moment du souper fût retardé. Blanche, Léonore et Mme de Versac manquaient à la table du magistrat.

— Ainsi, ma tante, disait Mme de Nohan à Mme de Niorres, Léonore et Blanche veulent entrer au couvent ?

— Elles m'ont suppliée de leur laisser passer quelques temps dans une sainte retraite, répondit la belle-sœur du conseiller, et j'ai accédé à ce désir, qui me semble dicté par la raison.

— C'est effectivement ce qu'il y a de plus simple et de mieux à faire dans la situation actuelle, dit M. de Niorres.

— Aussi, ajouta Mme de Niorres, les conduirai-je dès demain dans la pieuse maison dont elles ont fait choix.

Le conseiller s'était levé et parcourait la pièce à pas lents, mais avec une anxiété manifeste.

— Mme de Versac tarde bien à rentrer à l'hôtel, dit-il en formulant à voix haute la pensée qui le préoccupait si vivement.

— Elle m'a dit cependant en partant, qu'elle serait ici pour souper, répondit Mme de Nohan en regardant son père.

— Ah! fit Mme de Niorres, j'entends une voiture rouler dans la rue.

— C'est Mme de Versac! ajouta M. de Nohan.

La physionomie du conseiller avait pris une expression d'anxiété plus grande. Quelques instants après, sa bru entrait dans le salon : chacun s'empressa autour d'elle.

— Que vous a dit le docteur, à propos de notre pauvre petit? demanda Mme de Nohan.

— Que nous avions tort de nous effrayer, répondit Mme de Versac, qu'il avait une constitution excellente, et qu'il se portait à ravir.

— Je vais l'embrasser, dit Mme de Nohan.

— Il dort! fit vivement sa belle-sœur en la retenant par le bras. Brigitte vient de le monter chez moi avec mon fils.

Puis, se tournant vers le conseiller, auquel elle adressa un rapide coup d'œil d'intelligence :

— Mon père, continua-t-elle, j'ai fait votre commission auprès de M. le premier président, et il m'a dit que si vous vouliez le voir ce soir même, il était tout à votre disposition.

M. de Niorres tressaillit brusquement et un éclair joyeux illumina momentanément son visage sombre.

— Je souperai chez M. d'Ormesson, dit-il vivement. Mettez-vous à table sans moi.

— Quoi ! mon père, vous allez sortir ? s'écria Mme de Nohan.

— Oui, ma fille, il le faut.

— Demandez vos chevaux ! dit Mme de Niorres.

— Inutile, M. d'Ormesson n'habite-t-il pas rue Vieille-du-Temple, à côté.

— Mais, il est tard...

— Je vais vous accompagner ! dit M. de Nohan.

— C'est cela, mon ami, ajouta sa femme. Ne quitte pas mon père.

— Restez, mon gendre ! répondit le conseiller. Je ne cours aucun danger pour me rendre de mon hôtel à celui de M. le président.

— Mais... commença M. de Nohan.

— N'insistez pas ! lui dit vivement et à voix basse le magistrat.

Puis ouvrant la porte du salon :

— Soupez sans moi, ajouta-t-il, je le veux. Dans moins d'une heure, je serai de retour.

— Savez-vous pourquoi mon père va à pareille heure chez M. d'Ormesson ? demanda Mme de Nohan à sa belle-sœur, aussitôt que le conseiller eut disparu.

— Je l'ignore, répondit Mme de Versac ; j'ai rempli une simple commission dont je ne connais pas la portée. Mais où donc sont Léonore et Blanche ?

— Dans leur appartement, répondit Mme de Niorres. Les pauvres enfants ont vu augmenter aujourd'hui encore leur part de douleur, elles m'ont suppliée de les laisser seules implorer la miséricorde divine.

— Mon Dieu ! qu'y a-t-il donc encore ?

— Je vais vous le dire, répondit Mme de Nohan, et elle s'approcha de sa belle-sœur pour lui confier ce qu'avait rapporté M. de Niorres au sujet des deux gentilshommes fiancés aux deux jeunes filles.

En quittant sa demeure, M. de Niorres avait descendu la rue du Chaume et, longeant les bâtiments de l'hôtel de Soubise, il s'était dirigé vers la rue Vieille-du-Temple. Jusqu'alors, il avait marché d'un pas régulier et sans tourner une seule fois la tête derrière lui, mais quand il eut dépassé les bâtiments de l'hôtel de Soubise, il s'arrêta brusquement, tourna sur lui-même et, d'un regard rapide, il explora le chemin qu'il venait de parcourir. La rue était absolument déserte.

Bien certain qu'aucun œil indiscret n'espionnait sa démarche, il revint rapidement dans une direction diamétralement opposée à celle qu'il avait suivie jusqu'alors. Remontant la rue du Chaume, il s'engagea dans la rue de Bracque et il atteignit la rue Sainte-Avoye, au moment où dix heures sonnaient à l'horloge de l'hôtel Saint-Aignan. Se glissant le long de la muraille de son propre jardin, il se dirigea vers la petite porte près de laquelle se tenait, immobile et dissimulé dans l'ombre, un personnage de haute taille et revêtu d'un uniforme militaire.

M. de Niorres parut hésiter un moment, puis, après avoir examiné l'homme qui semblait placé en sentinelle, il fit un geste de la main. L'homme se recula vivement contre la porte : le battant s'ouvrit sur lui et il entra à reculons dans le jardin. M. de Niorres le suivit. Tout cela s'était accompli avec la rapidité que l'éclair met à illuminer l'horizon.

— L'enfant ? dit laconiquement l'homme en repoussant la porte.

— Viens ! répondit le conseiller.

Et tournant à gauche, il s'engagea dans une allée sombre conduisant à un petit kiosque chinois. Le mystérieux personnage le suivait pas à pas. Tout à coup le conseiller s'arrêta :

— Saint-Jean, dit-il brusquement, jure-moi sur ton salut éternel, que cet enfant n'aura rien à redouter si je le place sous ta garde.

— Je le jure ! répondit nettement Saint-Jean.

M. de Niorres le regarda fixement, comme pour s'efforcer de lire dans le cœur du valet si ce serment était bien sincère, puis prenant le bras de Saint-Jean et l'étreignant avec force :

— Si tu me trompais, dit-il avec des regards flamboyants, je consacrerais ma vie entière à la punition de ton crime, et si je mourais avant de t'avoir puni, Dieu permettrait un miracle et mon fantôme surgirait sur ta route ! Viens, maintenant, je vais te remettre mon petit-fils, mais souviens-toi de ce que tu viens d'entendre.

Saint-Jean ne bougea pas en écoutant cette étrange et terrible menace.

— Toutes les précautions ont-elles été prises ? demanda-t-il d'une voix parfaitement calme.

— Toutes ! répondit le conseiller.
— Personne ne s'est aperçu de la substitution ?
— Personne.
— Mᵐᵉ de Versac est rentrée avec l'autre enfant ?
— La nourrice elle-même a été trompée tant la ressemblance est grande : tu ne m'avais pas menti.
— A l'âge de l'enfant, la chose était facile, dit Saint-Jean.

Les deux hommes avaient atteint le kiosque, M. de Niorres y pénétra seul et ressortit presque aussitôt, tenant entre ses bras un enfant endormi et enveloppé dans ses langes. Il couvrit de baisers la pauvre innocente créature et la remettant ensuite aux mains de Saint-Jean.

— Tu as juré ! dit-il d'une voix extrêmement émue.
— Je tiendrai mon serment ! répondit le valet. Maintenant je pars.
— Où t'attend la voiture ? demanda M. de Niorres.
— A la tête du pont Notre-Dame.
— Tu n'as oublié aucune de mes instructions ?
— Aucune. Dans vingt-quatre heures l'enfant sera en sûreté au lieu convenu. Avez-vous fait sur l'avant-bras la marque avec la liqueur que je vous ai remise ?
— Je l'ai faite.
— Bien. Voici les deux papiers que vous m'avez demandés. L'un est la déclaration que je fais, d'avoir reçu de vos mains, le jeune Louis-Auguste-Charles de Niorres, votre petit-fils, et l'autre l'attestation signée de moi que cet enfant porte à l'endroit indiqué le signe qui doit servir à le faire reconnaître un jour.

M. de Niorres prit les deux papiers. Saint-Jean et la

conseiller, revenant sur leurs pas, étaient arrivés tous deux en face de la porte donnant sur la rue Saint-Avoye. Saint Jean l'ouvrit et regarda dans la rue :

— Personne ! dit-il.

— Va ! fit M. de Niorres, et que Dieu soit avec toi !

Saint-Jean fit un dernier geste, pressant contre sa poitrine l'enfant qu'il tenait dans son bras gauche et il s'élança au dehors.

M. de Niorres porta les deux mains à son front, puis revenant à la situation par un énergique effort de son esprit, il se pencha en avant : Saint-Jean était loin déjà.

La lune se dégageant alors d'un voile nuageux qui l'entourait, brilla de tout son éclat argenté. Sa lumière inondant subitement la rue du Chaume, permit au conseiller d'apercevoir l'ombre de Saint-Jean au moment où celui-ci traversait la chaussée pour s'engager dans la rue Geoffroy-Langevin.

Le conseiller fit un brusque mouvement comme s'il eût voulu s'élancer, mais il s'arrêta aussitôt : il venait de distinguer l'ombre d'un second personnage suivant la même route qu'avait prise Saint-Jean.

— M. Lenoir m'a tenu parole, murmura le magistrat. Saint-Jean est surveillé.

Alors, refermant sur lui la porte du jardin, M. de Niorres reprit le chemin de son hôtel.

— Mon Dieu ! Seigneur ! dit-il en levant, vers le ciel, ses yeux humides de larmes ; j'ai agi, je le crois, suivant vos volontés. N'abandonnez pas l'espoir de ma race et cessez d'accabler un malheureux vieillard qui se repent de ses fautes passées et qui implore votre miséricordieuse clémence !

Dix heures et demie sonnaient à l'instant où le conseiller, remontant la rue du Chaume, atteignait la porte de son hôtel.

C'était à ce moment précis que le marquis d'Herbois et le vicomte de Renneville, laissant Mahurec veiller à la petite porte, s'étaient élancés dans le jardin de l'hôtel de Niorres.

XVIII

L'HEURE

Après avoir fait quelques pas en avant dans le jardin, MM. d'Herbois et de Renneville demeurèrent un moment indécis sur la route qu'ils avaient à suivre. La lune, qui brillait tout à l'heure, s'était de nouveau voilée sous les nuages ; le jardin était plongé dans une obscurité profonde, et aucun des deux jeunes gens n'en connaissait le plan.

Se rendant, à peu près compte cependant, de la situation topographique intérieure, d'après l'examen minutieux de l'extérieur de l'hôtel auquel ils s'étaient nombre de fois livrés, ils suivirent une allée de tilleuls qui conduisait à la pelouse et les bâtiments de l'hôtel se dressèrent en face d'eux.

— Où sont-elles ? murmura le marquis en demeurant dans la zone des ténèbres, sous le feuillage épais de l'allée couverte.

— Elles devaient se trouver dans cette allée même, répondit le vicomte sans élever la voix.

— Peut-être nous serons-nous trompés, peut-être se sont-elles trompées elles-mêmes ; parcourons le jardin.

Les deux jeunes gens entreprirent aussitôt leurs recherches. Avec des précautions infinies pour ne pas éveiller l'attention des gens de l'hôtel, ils explorèrent tous les massifs, tous les parterres, toutes les allées, jusqu'au moindre sentier. Le jardin n'était pas grand, et cependant cette promenade, faite lentement, ne fut pas accomplie en moins d'une heure. La fièvre de l'impatience les dévorait tous deux.

— Qui les retient? s'écria le marquis.

— Auraient-elles changé d'avis? ajouta le vicomte.

— Ne nous aimeraient-elles pas comme nous les aimons?...

— Le temps se passe, les moments s'écoulent, la voiture attend, et à peine nous reste-t-il quelques heures de nuit.

Les deux jeunes gens étaient revenus sur les limites de la pelouse et regardaient la façade de l'habitation.

— Le jardin est absolument désert, dit le vicomte ; toutes les lumières sont éteintes dans l'hôtel... le calme le plus parfait règne autour de nous... pourquoi ne viennent-elles pas?

— Grand Dieu! s'écria tout à coup le marquis, s'il leur était arrivé malheur, si nous arrivions trop tard !

Les deux officiers se regardèrent mutuellement avec une expression d'angoisse effrayante; un frémissement convulsif fit trembler tout leur être. Une même pensée, pensée terrifiante, effroyable, leur traversait en même temps l'esprit.

— Il faut à tout prix sortir de cette situation impossible, dit le marquis.

— Que faire ? demanda le vicomte.

— Pénétrer dans l'hôtel...

— Y songes-tu, Charles ; c'est jouer la réputation de celles que nous aimons.

— Attendre est peut-être jouer leur existence, Henri ! Rappelle-toi les termes de leurs lettres : ils sont clairs, précis ! A dix heures et demie elles nous attendraient dans le jardin... voici minuit et le jardin est encore désert.

— Mais si Blanche et Léonore couraient un danger, l'hôtel ne serait point ainsi calme et silencieux.

— Qui sait ? Chaque fois qu'un crime a été découvert jusqu'ici, c'est lorsqu'il était entièrement accompli. La nuit où Mme d'Orgerel est morte, tout était aussi calme et silencieux, et quand l'éveil a été donné, quand le bruit s'est fait entendre, il n'était plus temps !

— Grand Dieu ! s'écria le vicomte ; tu me fais frémir.

— Henri ! dit M. d'Herbois en pressant les mains de son ami, depuis ce matin je t'ai caché l'état de mon âme ; les plus sinistres pressentiments m'agitent. Je ne t'ai rien confié pour ne pas alarmer ton cœur ; j'ai repoussé ces cruelles pensées qui m'obsédaient... je m'accusais de faiblesse ; mais ce qui se passe en ce moment redouble ces craintes que je m'efforçais de traiter de chimériques... Tiens, Henri, je tremble... j'ai peur... Il me semble que quelque catastrophe épouvantable va nous frapper, elles et nous ! J'ai la fièvre ; je suis fou, mais je sens que je ne puis supporter ce supplice ! Il faut que je voie à l'instant Blanche !

Et le gentilhomme, en proie à une surexcitation des plus vives, pétrissait dans les siennes les mains de son compagnon. Le vicomte n'était pas lui-même beaucoup plus calme. Les deux jeunes gens aimaient profondément, sincèrement, les deux nièces de M. de Niorres. Ils les aimaient comme on aime lorsque, après avoir vidé, jusqu'à la lie, la coupe des plaisirs, l'on s'aperçoit un jour que ce cœur que l'on croyait séché est demeuré susceptible d'éprouver les sentiments les plus purs ; que ce que l'on avait pris pour la mort n'était qu'un engourdissement, et que la tendresse, que chaque créature noblement douée porte en elle-même, loin d'être tarie à sa source, est prête à déborder avec force.

Seuls tous deux sur la terre, sans parents, ils avaient greffé tout le bonheur de leur avenir sur cet amour qui faisait leur seule joie et leur seule espérance. On comprend donc tout ce que la mortelle inquiétude qui les torturait devait avoir de poignant, et combien elle devait décupler l'énergie de ces natures puissantes, fortement trempées par les dangers de la vie aventureuse de l'homme de mer.

— Pénétrons dans l'hôtel, avait reprit le marquis après un moment de silence.

Le vicomte fit signe qu'il était prêt à accompagner son ami. Tous deux suivirent la ligne des massifs pour éviter de traverser la partie découverte du parterre s'étendant devant les bâtiments.

En quelques instants, ils gagnèrent les communs après lesquels se prolongeait le mur bâti sur la rue du chaume. C'était du sommet de ce mur que nous avons vu, la veille, s'élancer Mahurec. Les portes étaient fermées. Un bouquet de lilas, se dressant en face de l'une des fenêtres, offrait aux jeunes gens l'abri mystérieux de son feuillage ; car le vent, qui venait de s'élever, avait nettoyé le ciel, et les nuages, fuyant à l'ouest, laissaient libres les rayons de la lune.

Sans hésiter, le marquis brisa une vitre, il passa son bras dans l'ouverture pratiquée, il fit jouer le mécanisme de la croisée, et, poussant les deux battants en dedans, il s'élança lestement par-dessus la barre d'appui ; puis, se retournant, il tendit la main au vicomte.

— Attends ! dit celui-ci en s'arrêtant brusquement au moment d'escalader à son tour.

— Qu'est-ce donc ? fit le marquis à voix basse.

— Il m'avait semblé entendre remuer...

— Où cela ?...

— Dans les branchages... là-bas, près du mur de clôture.

— C'est le vent...

— Écoute encore, dit vivement M. de Renneville.

Les deux jeunes gens prêtèrent une oreille attentive.

— Tu te seras trompé, reprit le marquis ; je n'entends rien.

— C'est possible, répondit son compagnon ; cependant j'avais cru distinguer...

Et s'arrêtant de nouveau tout aussi brusquement que la première fois :

— Oh ! je ne me trompe pas, ajouta-t-il, j'entends parler, et le bruit de ces paroles vient des branches de ce vieux chêne !

Le vicomte désignait du geste un arbre magnifique

dont le tronc noueux soutenait presque une partie de la muraille, et dont les rameaux venaient se prolonger jusqu'au-dessus de la rue. C'était ce chêne précisément qui avait été d'une utilité si grande à Mahurec pour entrer dans le jardin d'abord, et pour s'élancer ensuite au dehors. Le marquis et le vicomte redoublaient d'attention.

— Effectivement, dit le premier à l'oreille de M. de Renneville, il me semble entendre un murmure causé par des phrases prononcées à voix basse.

— Ne bouge pas et attends-moi ! dit le vicomte.

Et, se glissant le long du mur des communs, il s'avança dans l'ombre. Le marquis fit d'abord un geste comme pour sauter dans le jardin ; mais une pensée fortuite assaillit sans doute son esprit, car, se retournant vivement, il traversa, au milieu de l'obscurité, la pièce dans laquelle il avait pénétré, et qui était une office attenant aux cuisines : il ouvrit une porte pratiquée en face de la fenêtre et il franchit le seuil d'une seconde pièce plus spacieuse que la première.

Celle-ci, située à la suite de l'autre, donnait sur la rue, mais comme le terrain du jardin était en contrebas, cette pièce se trouvait presque à la hauteur du sol de la rue du Chaume, tandis que celle qui la précédait était élevée, d'une toise environ, au-dessus du jardin. Les fenêtres qui éclairaient cette salle étaient, selon l'usage, garnies de fortes grilles, et, à cause de la chaleur sans doute, les contrevents intérieurs n'avaient point été fermés non plus que les châssis des croisées. Le marquis se dirigea avec précaution, mais précipitamment, vers l'une des fenêtres et il avança doucement la tête. En ce penchant un peu, il pouvait découvrir la rue du Chaume dans toute son étendue. A peine eût-il jeté un regard dans la direction du mur faisant suite aux communs, qu'il se recula vivement.

Il venait d'apercevoir deux hommes, dont l'un aidait l'autre à franchir la muraille. Revenant sur ses pas, il regagna rapidement la fenêtre de l'office donnant sur le jardin.

La tête du vicomte apparaissait au même instant à la hauteur de la barre d'appui.

— Un homme est grimpé dans cet arbre, murmura le vicomte.

— Et deux autres sont dans la rue, ajouta le marquis.

— Qu'est-ce que cela signifie ?

— Oh ! fit M. d'Herbois en étreignant le bras de son ami, si Dieu nous avait permis de surprendre les infâmes auteurs de tous ces crimes commis dans cet hôtel !

Le vicomte saisit la barre d'appui et s'élança d'un bond dans l'office.

— Tous trois sont descendus, murmura-t-il ; j'entends le bruit de leurs pas faisant craquer le sable de l'allée.

— Ton pistolet ! dit le marquis en armant celui que le gabier lui avait remis au moment de partir pour se rendre rue Sainte-Avoye.

Le vicomte prit l'arme, et les deux jeunes gens se reculèrent un peu pour demeurer dans une couche d'ombre plus épaisse. Un murmure confus de voix parlant en sourdine arrivait jusqu'à eux. Ils distinguaient le son sans pouvoir entendre nettement les paroles.

Trois hommes s'avançaient dans une petite allée voisine, et séparée seulement des communs par le massif de lilas en face duquel s'ouvrait la fenêtre qu'avait forcée le marquis. Les ténèbres qui régnaient dans cette partie très boisée du jardin empêchaient de distinguer les formes précises de ces personnages, dont l'ensemble se détachait à peine au milieu des fourrés épais qui les entouraient.

Cependant, lorsque ces hommes passèrent dans une étroite éclaircie, le vicomte et le marquis remarquèrent un chapeau galonné d'or, et des boutons garnis de pierres précieuses, sans doute, reluirent fugitivement dans l'ombre. Ces indices de riches costumes frappèrent d'étonnement les deux marins.

Ils se regardèrent, s'interrogeant des yeux sur ce qu'ils avaient à faire.

— Suivons-les ! murmura le marquis à l'oreille du vicomte.

Celui-ci sauta légèrement dans le jardin ; le marquis enjamba à son tour la barre d'appui de la fenêtre ; mais, au même instant, un cri déchirant se fit entendre.

Les deux jeunes gens s'arrêtèrent, glacés de crainte par ce cri parti de l'intérieur de l'hôtel. Presque aussitôt une explosion violente ébranla la maison, et un jet de flamme éclaira brusquement le jardin. Des cris affreux éclatèrent plus déchirants encore que n'avait été le premier.

Stupéfiés, le marquis et le vicomte étaient comme foudroyés, sans pouvoir faire un mouvement ; mais la révélation d'un danger, qui devait menacer les deux jeunes filles, leur rendit subitement leur énergie et la conscience de la situation.

Ils s'élancèrent.

En ce moment deux coups de feu retentirent presque simultanément, et un hurlement furieux déchira l'air dans la direction de la petite porte du jardin où les deux jeunes gens avaient laissé Mahurec.

XIX

UNE FOLIE

Au point central de la rue Blanche actuelle, non loin de la rue Saint-Lazare, se dressait, en 1783, au milieu de terrains, les uns vagues, les autres cultivés par des maraîchers, une vieille habitation qui semblait prête à crouler.

Un côté de la porte d'entrée était étayé ; l'autre côté était vermoulu sans clous et sans soutien. En face de cette porte se dressait, tout ventru, un mur de terre recouvert de tuiles brisées. Tout était sale, délabré, misérable en apparence, mais ceux qui savaient le secret du passage mystérieux pratiqué dans la muraille crevassée, trouvaient, derrière le mur, un éblouissant tableau.

Une charmille vivace, taillée en colonnes et en portiques, faisait le fond. A droite, une fontaine élégante : et sur un massif deux naïades caressant une chimère ; d'un côté un groupe formé d'une nymphe et d'un satyre ; de l'autre, un sylphe et une sylphide. En bordure, une colonnade de marbre appuyée contre une muraille également de marbre blanc, chargée de délicieux bas-reliefs de Clodion. Puis à la suite de cette muraille, formant une espèce d'enceinte à une cour spacieuse, s'élevait un corps de logis, simple de façade, composé d'un seul étage, exhaussé de cinq pieds environ au-dessus du sol. On y montait par une rampe double et circulaire, garnie de piédestaux supportant des vases de bronze remplis de fleurs charmantes. Le parfum de cette végétation ajoutait encore à la sérénité de cet aspect si calme et faisait paraître davantage l'opposition étrange, existant entre la masure donnant sur la rue et la coquette habitation qui se tapissait derrière ses murs lézardés.

Cet aspect enchanteur avait quelque chose de saisissant, de voluptueux, qui faisait rêver au premier coup d'œil des délices inconnues au commun des mortels. Cette habitation mignonne et coquette, si mystérieusement cachée aux regards des profanes, était, ce qu'on nommait alors, une Petite Maison, ou, pour mieux nous servir du style de l'époque : une Folie, et certes, folie était bien le mot propre pour désigner ces sortes d'écrin d'un luxe inimaginable, dont les propriétaires avaient, presque tous, vendu, aliéné, engagé leurs plus belles terres de rapport pour ériger un sanctuaire de débauche.

Vers dix heures, au moment où M. de Niorres avait retrouvé Saint-Jean qui l'attendait à la petite porte du jardin, deux voitures, sans armoiries et conduites par des grisons, s'étaient arrêtées rue Blanche, en face de la masure lézardée. Cinq hommes élégamment vêtus, étaient successivement descendus de ces deux voitures et avaient pénétré dans le bâtiment délabré, pour de là gagner l'entrée du charmant sanctuaire dont nous venons de retracer l'aspect général.

La cour était brillamment illuminée. Les cinq personnages la franchirent sans daigner donner un coup d'œil aux sculptures du célèbre artiste et atteignirent une première antichambre à laquelle aboutissait la rampe.

Cette antichambre était parée d'une mosaïque italienne dont le dessin principal représentait un riche trophée des armes de l'Amour : arc, flèches et carquois. Alentour on voyait des groupes de cœurs de toutes les dimensions et toutes les formes possibles, par allusion à la pièce détachée des poésies fugitives du chevalier de Boufflers, intitulée : *Les Cœurs*. Les murailles étaient en marbre vert et parsemées de trophées amoureux. La seconde antichambre, celle des grisons, l'endroit où l'on recevait les brocanteurs privilégiés, les fournisseurs, les gens enfin qui ne devaient pas franchir les dernières limites du sanctuaire, était toute blanche, boisée, avec des filets d'or, des arabesques or et bleu, représentant les sujets les plus gais du *Roland Furieux*. Les gentilshommes s'arrêtèrent un moment dans cette pièce : deux valets étaient debout et attendaient les ordres.

— De Sommes est-il arrivé ? demanda l'un des personnages, celui qui paraissait diriger les autres et qui, jusqu'alors, avait toujours eu le pas sur ses compagnons.

— M. le comte n'est pas encore arrivé, monseigneur, répondit l'un des valets en s'inclinant profondément.

— Votre Altesse ne nous a-t-elle pas dit qu'Édouard ne serait ici qu'à onze heures et demie? dit un jeune homme en s'approchant du premier personnage.

— Tu as raison, Lauzun, je l'avais, par ma foi! oublié. A propos, Messieurs, de Sommes doit nous amener ce soir un nouveau convive.

— Une femme? demanda Lauzun.

— Non, un homme.

— Qui donc?

— Un Italien, un Napolitain, je crois. Il paraît que c'est le plus joyeux et le plus extraordinaire de tous les soupeurs passés, présents et futurs. De Sommes en dit merveille, et pardieu! comme je craignais que nous ne nous ennuyassions à force de nous trouver toujours ensemble, je lui ai permis de nous présenter son homme.

— Bonne idée, monseigneur! Ces Italiens sont riches, nous jouerons.

En ce moment un maître d'hôtel, en habit noir et l'épée au côté, entra dans l'antichambre, et, après avoir salué profondément, il se tint debout et immobile en face du personnage principal, auquel nous avons entendu donner successivement les qualifications de Monseigneur et d'Altesse, et qui n'était autre, en effet, que le duc de Chartres, le fils du duc d'Orléans, le futur prince Égalité.

— Qu'y a-t-il, monsieur Durand? demanda le prince au maître d'hôtel.

— Les ordres de Son Altesse relativement à l'heure du souper, répondit M. Durand.

— Onze heures.

Puis, se tournant vers ses compagnons, le prince ajouta :

— Entrez au salon, Messieurs, et faites un creps pour passer le temps.

FIN DU DEUXIÈME VOLUME

TABLE DES MATIÈRES

I.	— La blanchisseuse (suite)	5
II.	— Les deux visites	14
III.	— Le dîner	38
IV.	— Le jardin	59
V.	— Le Café-Mécanique	76
VI.	— La rue du Chaume	95
VII.	— Le cabinet de M. de Nierres	102
VIII.	— Les deux sœurs	111
IX.	— Le teinturier	118
X.	— Saint-Jean	139
XI.	— L'enfer	149
XII.	— Les salles de jeu	159
XIII.	— Bamboula	182
XIV.	— Le lancement	215
XV.	— Les projets	235
XVI.	— La correspondance	246
XVII.	— Madame de Versac	263
XVIII.	— L'heure	273
XIX.	— Une folie	283

Saint-Amand (Cher). — Imp. DESTENAY, BUSSIÈRE, frères.

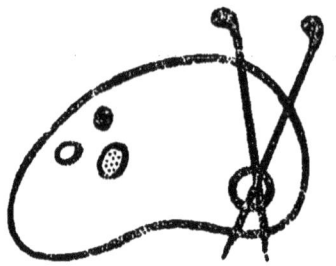

Original en couleur
NF Z 43-120-8

www.ingramcontent.com/pod-product-compliance
Lightning Source LLC
Chambersburg PA
CBHW070755170426
43200CB00007B/783